KB272977

초등 읽기 독립의 힘

일러두기

1. 본 도서에 수록된 일부 도서의 표지 이미지는 해당 출판사의 폐업 또는 권리자 확인의 어려움으로 인해 사용 허가를 득하지 못한 상태에서 수록되었습니다. 모든 이미지는 저작권자의 권리를 존중하며 문제 발생 시 즉시 수정 또는 삭제 등의 조치를 취하겠습니다.

2. 이 책에 나오는 아이들의 이름은 모두 가명으로 표기했습니다

다산북스

스스로 읽는 아이를 만드는 여정의 시작

"선생님, 우리 아이에게 어떤 책을 읽혀야 할까요?"

독서 교육 현장에서 부모님들이 가장 많이 하는 질문입니다. 그리고 이 질문에는 언제나 비슷한 마음이 담겨 있었습니다.

'지금 이대로 괜찮을까,
혹시 우리 아이만 놓치고 있는 건 아닐까,
다른 집 아이들은 혼자서도 잘 읽는다는데…….'

아직도 많은 부모님이 아이에게 '무슨 책을 읽혀야 할지' 고민합니다. 초등 베스트셀러 목록을 살피고 연령별 추천 도서를 검색하고 학년별 필독서를 체크하며 마음을 다잡습니다.

하지만 제가 지난 20년 동안 교육 현장에서 경험한 현실은 조금 달랐습니다. 아이의 독서를 결정짓는 것은 책의 목록이 아니라 읽는 방식이었으니까요. 우리에게 가장 중요한 질문은 바로 이것입니다.

"아이는 지금 어떤 방식으로 책을 만나고 있는가?"

이 질문이 빠진 독서는 오래 지속될 수 없습니다. 부모의 기준과 아이의 마음이 어긋나는 순간, 독서는 가장 쉽게 멀어지는 활동이 됩니다. 책은 더 이상 아이에게 즐거운 세계가 아니라 '해야 하는 일' 또는 '미뤄도 되는 숙제'로 인식되기 때문입니다. 아이가 책을 펼치기 전부터 한숨을 쉬고 부모가 책 이야기 앞에서 예민해지는 이유는 바로 이 때문입니다.

아이에게 책을 읽히는 일은 생각보다 훨씬 섬세한 과정입니다. 독서 습관은 단순히 책을 손에 쥐여준다고 완성되지 않기 때문입니다. 아이의 독서는 가정의 분위기, 부모의 말투, 아이의 기질과 발달 속도 그리고 그날 하루 동안 쌓인 감정까지 고려해야 하는 영역입니다. 그래서 같은 책이라도 어떤 아이에게는 즐거운 놀이가 되지만 어떤 아이에게는 부담스러운 과제가 되기도 합니다.

책나무를 통해 수천 명의 아이들을 만나면서 저는 몇 가지 공통점을 발견했습니다. 첫째, 아이가 스스로 책을 고르는 순간, 눈빛이 달라진다는 사실입니다. 둘째, 부모가 결과를 묻기보다 과정을 기다려줄 때 아이의 집중력은 힘을 발휘합니다. 셋째, 아이의 수준과 흥미에 맞는 적정 난도의 책을 만났을 때 아이의 독서는 비로소 자리를 잡기 시작합니다. 이렇게 시작된 독서는 조용하고 꾸준하게, 아이 내면에서 문해력이라는 힘을 키워갑니다.

독서는 책을 많이 읽히는 기술이 아닙니다. 아이가 생각하는 힘을 기르는 과정입니다. 더 정확하게는 아이 스스로 책을 읽으며 생각하고 질문하고 자신의 언어로 정리하고 감정을 표현하는 힘을 기르는 과정입니다. 제대로 된 독서는 아이의 사고력뿐 아니라 감정조절력과 학습 태도까지 함께 성장시키는 깊은 경험이 됩니다.

이제 독서 교육을 바라보는 부모의 생각과 태도도 달라져야 합니다. 아이를 책 앞으로 밀어붙이는 사람이 아니라 아이가 책으로 다가갈 수 있도록 문을 열어주는 사람이 되어주세요. 아이의 선택을 존중하고 방향을 적절히 잡아주며 우리 집에 '책 읽기 좋은 공기'를 흐르게 하는 것. 그것이면 충분합니다.

『초등 읽기 독립의 힘』에는 책나무를 운영하며 현장에서 직접 마주한, 놀라운 변화의 순간들을 담았습니다. 책 읽기 자체를 거부하던 아이가 어느 날 스스로 책을 고르던 순간, 끝까지 읽은 책 한 권을 내려놓고 "이건 왜 이렇게 됐어요?"라고 반짝이는 눈빛으로 질문을 건네던 순간, 부모와 아이가 처음으로 차분히 책에 관한 생각을 나누던 시간까지. 이 모든 장면은 독서가 아이의 세계를 넓히는 가장 따뜻한 경험임을 분명히 보여줍니다.

초등 독서 교육은 거창한 계획이나 완벽한 환경에서 시작해야 하는 일이 아닙니다. 가정 안에서 이루어진 작은 독서 경험 하나에서 시작됩니다. 책 앞에서 늘 조급해지던 부모도, 책을 멀리하던 아이도 우리 집의 독서 환경이 단단해지는 순간 조용히 변화할 것이라 확신합니다. 무엇보다 중요한 건 우리 아이를 믿고 아이만의 속도를 존중하는 일입니다. 부모의 믿음 아래 아이는 스스로 책을 고르고 자기 속도로 읽으며 생각하고 마음을 키워가는 여정을 시작할 테니까요. 이 책은 아이가 평생 독서가로 자라는 과정에서 가장 현실적이고 따뜻한 길잡이가 되어줄 것입니다.

2026년 봄

이명주 드림

차례

1부 초등은 문해력의 골든타임이다

1장 아이들의 읽을 힘이 사라지고 있다

2장 초등 시기에 문해력이 결정되는 이유

읽기 독립은
이렇게 시작됩니다

♦ 처음엔 '정독'하지 말고 전체적으로 훑어 읽으세요

처음부터 밑줄 긋고 메모하며 읽지 않아도 괜찮습니다. 우선 책 전체를 가볍게 읽으며 큰 흐름만 잡아보세요. 아이의 독서가 막혀 있는 이유가 '책의 문제'인지 '방법의 문제'인지 '환경의 문제'인지 이 단계에서 자연스럽게 보이기 시작합니다.

♦ 우리 아이의 레벨에 맞는 장부터 골라 읽으세요

『초등 읽기 독립의 힘』은 아이의 현재 레벨에 맞춰 읽도록 구성되어 있습니다.

- 책 읽기를 아예 거부한다면 → 1단계 독서 기초기
- 읽기는 하는데 남는 게 없다면 → 2단계 독서 정착기

- 읽기와 공부가 따로 논다면 → 3단계 독서·학습 융합기
- 평생 책과 친해지려면 → 4단계 독서 지속기

모든 아이가 같은 속도로 갈 필요는 없습니다. 지금 우리 아이에게 가장 필요한 단계부터 시작하세요.

♦ 다양한 방법을 차근차근 하나씩 실천하세요

책에는 다양한 사례와 그에 맞는 해결책이 담겨 있습니다. 처음부터 무리하게 시도하면 독서는 아이에게 부담이 될 수밖에 없습니다. 책에 나오는 모든 방법을 한 번에 따라 하지 않아도 괜찮습니다. 예를 들어 이런 정도면 충분합니다.

- 오늘은 책 고르는 기준 하나만 바꿔보기
- 이번 주는 읽고 나서 질문 하나만 던져보기
- 하루 10분, 책 앞에 앉는 시간만 지켜보기

독서는 한 번에 몰아서 완성하는 프로젝트가 아니라 조금씩 쌓이는 습관이 되어야 한다는 점을 꼭 기억해 주세요.

◆ 아이에게 읽히기 전에 부모가 먼저 읽어보세요

이 책은 아이에게 읽히기 위한 책이 아니라 부모가 먼저 읽고 독서 교육의 태도를 바꾸기 위해서 쓰였습니다. 부모가 책을 읽는 모습을 보일 때, 아이를 두고 재촉하지 않을 때, "읽었어?" 대신 "어떤 장면이 기억나?"라고 물을 때 아이의 독서 태도는 자연스럽게 성장합니다.

◆ 독서에 실패하는 날이 있어도 실패라고 생각하지 마세요

어떤 날은 아이가 책을 펼치자마자 덮을 수도 있습니다. 어떤 날은 힘들게 만든 독서 루틴이 완전히 깨질 수도 있습니다. 하지만 그건 실패가 아니라 독서가 아이의 일상 안으로 들어왔다는 증거입니다. 독서력은 직선으로 성장하지 않습니다. 왔다 갔다 하기도 하고, 멈췄다 다시 움직이며 자랍니다. 그 흐름을 이해하는 것 자체가 가장 중요합니다.

◆ 이 책은 '답안지'가 아니라 '지도'입니다

이 책은 "이렇게 하면 무조건 된다"라는 정답을 제시하지 않습니다. 대신 아이와 부모가 함께 길을 찾을 수 있도록 방향과 기준, 그리고 현장에서 검증한 가장 현실적인 선택지를 안내합니다. 아이의 기질과 속도, 관심사를 존중하며 스스로 읽

는 아이로 자라날 수 있는 길을 보여줍니다.

이 책을 덮을 즈음, 우리 아이의 문해력이나 글쓰기 실력이 완벽해지지 않을 수도 있습니다. 하지만 분명히 달라지는 것이 있습니다. 바로 '부모가 독서를 바라보는 시선' 그리고 '아이가 책을 대하는 마음'입니다. 이 변화를 느끼는 순간 아이의 독서 교육은 이미 시작된 것입니다.

1부

초등은
문해력의
골든타임이다

아이들의 읽을 힘이 사라지고 있다

1 책을 거부하는 아이, 문제는 의지가 아니다

"아이가 책을 잘 읽는 편인가요?"

제가 학부모님들을 만나면 가장 먼저 던지는 질문입니다. 흥미로운 건 어느 지역을 가든 부모님들의 반응이 크게 다르지 않다는 점입니다. 어떤 분은 의미심장한 미소를 짓고, 어떤 분은 고개를 살짝 저을 뿐, 대체로 비슷한 패턴을 보입니다. 사실 요즘 '책을 읽어야 한다'라는 사실을 모르는 부모님은 거의 없습니다. 문해력의 중요성을 다룬 영상 콘텐츠와 관련 도서가 넘쳐나고 교육 전문가들도 입을 모아 독서의 필요성을 강조하고 있기 때문입니다. '읽기'가 지금처럼 주목받은 때가 또 있었을까 싶을 정도입니다.

가정에서도, 학교에서도, 사회에서도 책 읽기를 권하고 독서 환경도 잘 갖춰져 있는데 아이들은 왜 책을 멀리할까요? 답은 모두가 이미 알고 있습니다. 스마트폰 때문입니다. 요즘 아이들은 아주 어릴 때부터 스마트폰과 다양한 영상매체에 빠져 있습니다. 책 읽기보다 게임이나 동영상 시청을 더 좋아하죠. 심지어는 3분짜리 영상도 길다고 지루해하고 30초 남짓한 숏폼에 길들여져 있습니다. 어휘를 파악하고 문장의 의미를 따라가며 긴 글을 읽어야 하는 독서는 자연스레 어렵고 재미없는 활동이 될 수밖에요.

그런데 여기에는 흥미로운 사실이 하나 있습니다. 똑같이 스마트폰을 쓰고, 똑같이 영상을 보는데도 그중에 꼭 책을 읽는 아이, 어휘력이 남다른 아이가 한둘은 있다는 겁니다. 이 차이는 어디에서 생길까요? 바로 스마트폰을 접한 시기, 그리고 독서 습관이 자리 잡은 시기와 관련되어 있습니다. 결론만 말하자면 아이들이 책을 멀리하는 가장 큰 이유는 '독서 습관이 잡히기 전에 스마트폰을 먼저 만났기 때문'입니다.

'독서 습관'이란 아이가 독서를 즐기고, 읽을 책을 스스로 찾는 상태를 말합니다. 스마트폰을 만나기 이전에 다양한 그림책과 흥미로운 이야기들을 충분히 경험한 아이들은 책을 자연스럽게 '재미있는 것'으로 인식합니다. 그러니 계속 찾아 읽게 되고 그 경험이 쌓여 자발적인 독자가 되는 것이죠. 혹시 우리 아이는 이미 늦었다고 생각하시나요? 걱정하지 마세요. 스마트폰보다 책을 먼저 만났다면 좋았겠지만, 지금이라고 방법이 아예 없는 것은 아니니까요.

'무엇을 배우기에 오늘이 가장 빠른 때'라는 말도 있듯이 하루 5분이라도 꾸준히 읽기 시간을 늘려가면 아이의 어휘력과 배경지식은 차곡차곡 쌓입니다. 이 과정에서 뇌의 전두엽이 활성화되고 결국 문해력과 독해력 향상으로 이어집니다.

'아무것도 안 읽는 것보다 낫겠지' 하는 마음에 만화책을 잔뜩 사주지는 않았나요? 책을 멀리하는 아이일수록 줄글 책을 보여주는 일이 시급합니다. 짧고 강렬한 영상과 화려한 만화책에 익숙해진 뇌는 도파민 자극에 민감해져 '팝콘 브레인Popcorn Brain'이 될 가능성이 높아집니다. 팝콘 브레인은 미국 워싱턴대학교 정보대학원 데이비드 레비David Levy 교수가 만든 용어로, 강한 자극에 반복적으로 노출될수록 내성이 생겨 일상생활에 흥미를 잃고 팝콘 터지듯 큰 자극만 추구하게 되는 상태를 말합니다. 이런 현상이 지속되면 아이의 집중력은 점점 떨어지고, 일상에서의 대화나 사회적 상호작용에서도 어려움을 느끼게 됩니다. 정말 무시무시하지 않나요? 지금 손에 든 스마트폰이 아이의 뇌 구조와 습관을 바꾸고 있는 셈입니다.

물론 스마트폰이 없던 시절에도 성장 과정 곳곳에서 독서는 필요했지만 디지털 기기와 자극적인 콘텐츠가 넘쳐나는 지금은 더욱 절실합니다. 책 읽기는 아이의 집중력을 보호하고, 고등 학습의 기반을 만들며, 팝콘 브레인이 되는 것을 막을 수 있는 가장 강력한 열쇠임을 반드시 기억하시길 바랍니다.

2 읽고도 이해하지 못하는 아이들의 공통점

"영후야, 학교 숙제 다 했지? 영어 단어는 다 외웠니?"

"네."

"그럼 이제 책 읽어야지."

"……."

"탁자 위에 엄마가 빌려 온 책 있지? 그거 읽으면 돼."

영후는 짧은 한숨을 내쉰 뒤 마지못해 손을 뻗어 책을 집어 듭니다. 휘리릭 넘겨 보니 글자는 빽빽하고 그림도 거의 없는데다 내용도 재미없어 보입니다. 그래도 엄마가 지켜보고 있으니 털썩 소파에 앉아 책을 읽는 영후입니다. 이런 경우 아이들은 진짜 읽는 것이 아니라 '읽는 척'을 하고 있을 확률이 높습니다. 책장을 너무 빨리 넘기면 혼날 것 같아 딴생각을 하며 시간을 끌거나 대강 훑으며 중간 페이지를 건너뛰기도 하죠. 책의 앞부분을 읽었을 뿐인데 벌써 머리가 무겁고 가슴이 답답해집니다. 모르는 단어가 계속 등장하니 내용이 전혀 이해되지 않지만 손에서 책을 놓지는 못합니다. 적어도 책을 들고 있는 동안에는 엄마의 잔소리가 멈춘다는 걸 알고 있기 때문입니다.

"엄마가 이번에는 과학책 빌려 왔는데 어때, 재미있니?"
"……"
"어떤 내용이야?"
"음……. 물질 중에는 산성과 염기성이 있대요."
"그게 뭔데?"
"아……. 그건 모르겠어요."

순간, 엄마의 목소리가 한층 높아집니다.

"너 대충 읽고 있지? 책은 꼼꼼하게 읽어야지!"

영후는 다시 책에 얼굴을 파묻습니다. 그 모습을 보며 엄마는 아이가 책에 집중한다고 착각하며 만족스러운 표정을 짓습니다. 영후는 엄마의 다음 질문에 답할 최소한의 정보를 확보한 뒤에야 '가짜 독서'를 끝냅니다.

방금 "엇, 우리 집 이야긴데?" 하고 뜨끔할 분도 계실 겁니다. 반대로 "우리 집은 이러지 않아서 다행이다" 하고 안도하는 분도 계시겠지요. 후자라면 진심으로 축하드릴 일입니다. 우리 아이가 스스로 즐겁게 책을 읽고 있다면 부모님은 곁에서 그대로 지켜봐 주세요.

하지만 전자의 경우라면 우리 집의 독서 환경에 대해 고민해 볼 시점입니다. 영후는 엄마가 골라 온 과학책을 읽는 동안 과연 무엇을 얻었을까요? 물질에 관한 약간의 지식이겠지요. 반면 잃은 것은 훨씬 많습니다. 모르는 어휘 앞에서 느낀 좌절감, 억지로 책을 읽어야 하는 상황에 대한 자괴감이 엄마에 대한 원망, 그리고 '독서=과제'라는 부정적인 인식까지, 이런 경험이 반복될수록 아이는 책과 점점 멀어집니다. 지금이야 엄마의 말을 따르겠지만, 아이가 성장하며 주관과 판단력이 또렷해지는 시기가 오면 이야기는 달라집니다. 그때 가서 독서 습관을 다시 길들이는 일은 지금보다 훨씬 더 어려워집니다.

영후처럼 책 한 장 읽는 것도 버거워하고, 책만 잡으면 몸을 배배 꼬는 아이를 어떻게 '읽는 아이'로 키울 수 있을까요? 핵심은 단 하나입니다. 아이에게 '지금 읽을 수 있는 책'을 권하는 것입니다. 여기서 말하는 읽을 수 있는 책이란 아이의 언어 수준과 어휘력, 관심사와 발달 단계에 맞는 책을 뜻합니다. 영후에게 필요했던 책은 '산성·염기성' 같은 낯선 용어가 가득한 과학책이 아니었습니다. 같은 주제라도 더 쉬운 설명과 구체적인 예시, 이해를 돕는 이미지가 담긴 책이었다면 더 몰입했을 겁니다.

그렇다면 영후는 왜 버겁고 어려운 책을 읽어야 했을까요? 첫째, 책을 고른 사람이 영후가 아니라 엄마이고 둘째, 그 기준이 '영후의 수준'이 아닌 '엄마의 기대'에 맞춰져 있었기 때문입니다.

많은 부모가 학교나 기관에서 제공하는 추천 도서 목록을 참고합니다. 교육청, 지자체, 간행물윤리위원회, 대한출판문화협회 등 여러 기관에서 연령대별로 훌륭한 책들을 선정해 두었기 때문입니다. 물론 전문가들이 신중하게 고른 책인 만큼 책 자체의 완성도와 교육적 가치는 분명합니다. 하지만 여기서 던져야 할 질문이 하나 있습니다.

"지금 이 순간의 우리 아이에게도 좋은 책일까?"

좀 더 정확하게 말하자면 이런 질문입니다.

"수많은 책 중에서, 지금 우리 아이에게 딱 맞는 책은 무엇일까?"

이 질문을 건너뛰는 순간, 영후처럼 독서가 즐거움이 아닌 부담과 스트레스가 되고 맙니다. 책의 문제가 아니라, 선택의 순서가 잘못된 것입니다. 그리고 잘못된 책 선택은 곧 아래와 같은 잔소리로 이어집니다.

"얼마나 읽었어?"
"이것밖에 못 읽었니?"
"그 단어 뜻은 알고 읽는 거야?"
"숙제 다 했으면 빨리 책 읽어."
"벌써 다 읽었다고? 어떤 내용인지 이야기해 봐."

이런 부정적인 말을 거듭할수록 아이에게 책은 '읽어야 하는 것', '검사받아야 하는 것', '살해야 하는 것'으로 인식됩니다. 그러다 보면 아이는 자연스럽게 책 읽기를 멀리하겠죠. 책이라는 아름답고 단단한 세계로 들어가기 위해 부단히 애쓰고 있는 아이에게 부모의 재촉 한마디는 순식간에 아이의 독서 의욕을 사라지게 만든다는 걸 꼭 기억하세요.

초등 독서는 '공부'보다 '재미'가 먼저여야 합니다. 하지만 많은 부모님이 아이의 독서를 학습의 연장선으로 바라봅니다. 몇 권을 읽었는지 확인하고, 내용을 이해했는지 점검하고, 무엇을 새로 알게 되었는지를 평가하지요. 그런데 생각해 보세요. 누군가 우리에게 이런 방식으로 끊임없이 간섭한다면 우리는 아마 진작에 도망쳤을 겁니다.

물론 처음부터 그런 의도는 아니셨을 겁니다. 아이가 더 잘하길 바라는 마음이었겠지요. 하지만 걷다 보면 잠시 앉아 쉬기도 하고, 달리다 보면 숨을 고를 시간도 필요합니다. 독서도 마찬가지입니다. 재미있게 읽은 한 권의 책은 다음 책을 기대하게 만들고 그렇게 쌓인 읽기 경험 속에서 어휘력이 늘어나며, 어느 순간 자연스럽게 긴 글도 술술 읽을 수 있게 됩니다.

결국 아이가 읽게 만드는 힘은 더 많은 양의 책도, 더 높은 수준의 질문도 아닙니다. 아이가 스스로 책을 펼치고 끝까지 읽어낸 경험입니다. 그 경험이 쌓일수록 아이는 책 앞에서 덜 흔들리고 자신을 조금씩 믿게 됩니다. 부모의 역할은 아이를 끌고 가는 사람이 아니라 아이가 다시 책의 세계로 돌아올 수 있도록 옆에서 기다려주는 사람입니다. 아직 늦지 않았습니다. 독서는 언제든 다시 시작할 수 있습니다.

국어는 잘하는데 서술형 문제는 왜 틀릴까

얼마 전 일입니다. 책나무를 찾아오신 한 학부모님과 이야기를 나누게 되었어요. 어느 날 아이가 가져온 수학 시험지에서 '다음의 숫자를 쓰세요'라는 문제를 틀린 걸 보고 아이에게 왜 틀렸는지 이유를 물어보셨다고 해요.

문제에는 '예순'이라는 보기가 적혀 있었고 아이는 답으로 '61'을 적었습니다. 엄마가 "왜 '60'이 아니라 '61'이냐"라고 묻자, 아이는 "예순 다음 숫자를 쓰라고 해서 61을 썼어"라고 답했습니다. 아이는 문제에 적힌 글자를 읽기는 했지만 출제자의 의도를 파악하지 못한 채 자신의 해석만으로 답을 적은 것이죠.

대한민국은 교육열과 학력 수준이 월등히 높은 나라로 알려져 있습니다. 부모들은 자녀의 공부에 많은 것을 투자했고, 그 결과 높은 대학 진학률과 글로벌 경쟁력을 갖춘 인재들이 배출되었습니다. 이는 대한민국이 빠르게 성장할 수 있었던 배경이기도 합니다. 한때는 대형 서점 붐이 일고, 주요 지역마다 큰 서점이 들어서며 책을 읽기 위해 인파가 몰리던 시절도 있었습니다. 그러나 지금은 어떤가요? 그런 풍경은 오래된 과거의 한 장면처럼 느껴집니다.

더 큰 문제는 이제 종이책 자체를 잘 읽지 않는 시대라는 점입니다. OECD 국제성인역량조사PIAAC에 따르면, 한국 성인의 27%가 문해력 부족 문제를 겪고 있습니다. 2024년 4월, '세계 책의 날'을 맞아 문화체육관광부가 발표한 통계는 더욱 충격적입니다. 조사에 참여한 성인의 57%가 1년 동안 책을 단한 권도 읽지 않았고, 종이책·전자책·오디오북을 모두 포함한 독서율 역시 43%에 그쳤습니다. 책을 읽지 않은 이유로는 대부분 '시간이 없다'라고 답했습니다. 이런 문제가 반복해서 보도되는 이유는 단순한 우연이 아닙니다. 문해력 저하가 개인의 문제가 아니라 점점 심화되는 사회적 현실이기 때문입니다. 이는 특정 누군가의 이야기가 아니라 우리 모두가 함께 고민해야 할 과제입니다.

'실질문맹'이라는 말을 들어보셨나요? 미국의 작가이자 저널리스트인 마크 트웨인Mark Twain은 "문맹은 읽을 수 없는 것이 아니라, 읽고도 이해하지 못하는 것이다"라고 말했습니다. 실질문맹이란 글을 읽고 쓰는 기본 능력은 갖추고 있지만 복잡한 정보를 이해하거나 이를 바탕으로 사고하고 문제를 해결하는 데 어려움을 겪는 상태를 말합니다. 글자를 눈으로 따라가기는 하지만 문맥과 의도는 파악하지 못하는 것이죠. 특히 활자보다 이미지와 영상으로 대부분의 정보를 소비하는 지금의 환경에서는 이러한 현상이 더욱 빠르게 확산될 수밖에 없습니다.

물론 오락 위주가 아닌 교양 관련 영상을 즐겨 보는 사람은 아는 것도 많고 대화의 소재도 풍부할 겁니다. 하지만 같은 양의 정보를 영상으로 얻은 사람과 책으로 얻은 사람의 독해력도 과연 같을까요? 이 질문의 답은 굳이 설명하지 않아도 이미 알고 계실 거라 생각합니다.

그렇다면 실질문맹 문제는 어떻게 해결할 수 있을까요? 답은 명확합니다. 암기 중심 교육에서 벗어나 비판적 사고와 문제 해결 능력을 키우는 교육으로 전환해야 합니다. 그 핵심에 있는 것이 바로 독서입니다. 독서는 단순한 읽기 활동이 아니라 복잡한 정보를 이해하고 분석하는 데 가장 효과적인 훈련이기 때문입니다.

제가 직접 들은 사례 하나를 소개합니다. 유명 특목고에 우수한 성적으로 합격한 학생이 있었습니다. 학업 성취도는 뛰어났지만 국어 지필평가에서는 매번 한두 문제씩 틀리곤 했죠. 그 학생은 이렇게 말했습니다.

"국어 학원에서 내신 대비 문제는 잘 푸는데, 모르는 어휘가 나오면 문제 자체가 이해가 안 돼서 못 풀겠어요."

실제로 이 학생은 '익일', '자의적', '중의적' 같은 낱말의 뜻을 몰라 답을 찍었다고 합니다. 공부를 잘하는 학생조차 어휘력의 한계를 겪는 게 현실입니다. 당장은 이런 단어들을 몰라도 일상생활에 큰 불편은 없을지도 모릅니다. 하지만 성인이 되어 사회에 나가면 이야기가 달라집니다. 업무와 관련된 보고서와 문서에는 다양한 개념어·추상어·한자어가 끊임없이 등장하기 때문입니다.

아이의 학년이 낮아질수록 문해력 저하 문제는 더욱 심각해집니다. 중학생에게 과제 제출 기한을 '금일'까지라고 안내했더니, '금요일'에 과제를 가져오는 일이 실제로 벌어집니다. 이런 오해는 아이의 주의력 문제가 아니라 문맥을 해석하는 힘이 아직 자라지 않았다는 신호입니다.

결국 공부를 잘한다는 것은 '처음 보는 텍스트'를 다룰 힘을 갖췄다는 뜻입니다. 낯선 정보를 읽고 맥락을 파악하며 의미를 스스로 해석해 내는 능력이죠. 그리고 이 능력은 오직 독서를 통해서만 키울 수 있습니다.

2장

초등 시기에 문해력이 결정되는 이유

1 — 초등 독서가 평생의 사고력을 결정짓는다

꼬물꼬물 엄마 품에 안겨 있던 아이는 어느새 초등학교를 지나 중·고등학교, 대학교를 거쳐 사회인이 됩니다. 청년기와 중·장년기를 지나고 나면 머리가 희끗해지는 노년기에 이르죠.

유년기부터 노년기까지의 생애 주기를 거치는 동안, 우리 인생에는 행복하고 즐거운 순간과 수많은 좌절과 치열한 경쟁의 순간이 공존합니다. 기쁠 때는 기쁨을 온전히 누리고 좌절의 순간에는 다시 일어설 수 있는 삶의 내공이 있다면 인생은 훨씬 더 단단해질 것입니다. 여기서 핵심은 '극복'입니다. 삶이 늘 순탄치만은 않다는 사실을 누구나 알고 있지만 힘든 순간이 찾아왔을 때 쉽게 무너지지 않는 내면의 힘은 바로 극복의 과정을 통해 길러지기 때문입니다.

그렇다면 이런 삶의 내공은 좌절을 극복해 보아야만 기를 수 있을까요? 아니요. 단순하게 들릴지 모르지만 저는 그 답이 '독서'에 있다고 믿습니다. 책은 오래전부터 축적되어 온 삶의 지혜와 철학, 인간에 대한 깊은 통찰이 담긴 보물 상자입니다. 그래서 우리는 책을 '지혜의 보고'라고 부르죠. 시대와 환경은 달라져도 인간이 마주하는 고민의 본질은 크게 변하지 않습니다. 실패와 실연, 경제적 어려움, 사랑하는 사람과의 이별까지, 수천 년 동안 사람들이 경험해 온 삶의 고비와 그 속에서 얻은 깨달음이 책 속에 고스란히 담겨 있습니다.

책을 읽는다는 것은 타인이 겪은 시행착오를 간접적으로 경험하면서 슬기로운 문제 해결 방법을 배우는 일입니다. 여기에 저자의 의도와 숨은 의미까지 읽어낼 수 있다면 책이 건네는 해결책은 훨씬 더 강력한 힘이 됩니다. 아이를 평생 독자로 키워야 할 이유가 바로 여기에 있습니다.

평생 독자란 누군가 시켜서가 아니라 스스로 책을 찾고, 독서를 통해 문제를 해결하며, 읽는 경험 속에서 성장하는 능동적인 독자를 의미합니다. 이를 가능하게 하는 핵심이 바로 '메타인지'입니다. 지금 나에게 필요한 책을 알고 자신의 발달 단계에 맞게 스스로 선택해 읽을 수 있는 힘이죠.

아이가 초등학생이 되면 본격적으로 '학습'을 시작합니다. 중·고등학교, 대학교로 갈수록 학습 과제는 더 복잡해지죠. 이 모든 학습의 출발점은 결국 하나입니다. '맥락을 읽고 이해하는 능력'입니다. 사회인이 되어 직장에서 일을 하게 되어도 마찬가지입니다. 어떤 직업을 선택하든 상황을 파악하고 정보를 해석하며 문제를 해결하는 과정이 필수적으로 따라옵니다. 전문성이 높아질수록 독해력과 논리적으로 표현하는 문장력은 더욱 중요해집니다. 결국 아이가 사회인이 되기까지의 전 과정은 '얼마나 잘 읽고, 이해하고, 표현할 수 있는가'를 겨루는 문해력 경쟁의 연속이라고 해도 과언이 아닙니다. 제가 생애 전반에 걸친 독서를 강조하는 이유입니다.

그렇다면 우리 아이가 책을 잘 활용하는 어른으로 성장하려면 어떻게 해야 할까요? 독서 교육의 골든타임은 초등 시기입니다. 이 시기의 독서량과 독서 시간은 독해력에 결정적인 차이를 만듭니다. 이때 다양한 장르의 책을 고루 읽고 고급 독서로 이어질 어휘력과 배경지식을 충분히 쌓은 아이는 고학년 이후 복잡한 글도 훨씬 수월하게 이해할 수 있습니다. 반대로 기초 어휘력과 배경지식이 부족한 아이라면 학년이 올라갈수록 읽기와 학습 전반에서 점점 어려움을 겪을 가능성이 커집니

다. 초등 시기의 독서는 이제 선택이 아니라 아이의 평생을 좌
우하는 필수 교육인 셈입니다.

　우리가 아이에게 책을 읽히려고 하는 이유는 단 하나입니
다. 아이의 '행복'을 위해서입니다. 험한 세상을 헤쳐 나갈 때
지식과 지성이라는 단단한 방패를 갖추었으면 하는 마음이지
요. 그렇다면 아이가 독서가로 성장하는 과정 역시 행복해야
하지 않을까요? 재촉하지 않아도, 화내지 않아도 충분히 가능
합니다. 아이의 읽기 여정을 함께 걷고 응원하며 기다려주는
부모가 곁에 있다면 아이는 자신의 속도대로 훌륭하게 자라날
것입니다.

2   '읽는 힘'은 하루아침에 만들어지지 않는다

"우리 아이 일기는 항상 마지막이 '참 재미있었다'로 끝나요. 글쓰기나 논술 학원에 보내야 할까요?"

학부모 상담을 하다 보면 이런 질문을 정말 자주 받습니다. 결론부터 말하자면 글쓰기 실력을 높이기 위해서는 학원에서 배우는 '기술'이 아니라 '어휘력'이 먼저입니다.

초등 시기 독서가 중요한 이유는 크게 두 가지입니다. 첫 번째 이유는 이 시기가 어휘력 확장의 황금기이기 때문입니다. 아이가 글을 읽고 이해하는 능력은 결국 어휘의 양과 질에 의해 결정됩니다. 그만큼 어휘는 독해력의 핵심이라고 해도 과언이 아닙니다. 일상 속에서 다양한 경험을 하고 많은 감정을 느꼈어도 막상 글로 옮길 때 적절한 단어가 떠오르지 않는 건 표현할 수 있는 어휘가 부족하기 때문입니다. 그래서 결국 마지막 문장이 "참 재미있었다"에서 멈춰버리는 것이죠.

이 경우 많은 부모가 논술 학원을 먼저 떠올립니다. 물론 학원에 다니면 어느 정도 표현을 다듬는 훈련은 가능합니다. 하지만 아이의 글이 근본적으로 탄탄해졌다고 말하기는 어렵습니다. 논술 학원을 오래 다녔는데도 글이 여전히 얄팍해 보이는 이유는 아이의 머릿속 어휘 창고가 충분히 채워지지 않았기 때문입니다. 어휘가 쌓여야 문장이 생기고, 문장이 쌓여야 사고가 깊어집니다.

어휘력은 글쓰기뿐 아니라 전 교과 학습에도 결정적인 영향을 미칩니다. 각 교과에는 단원마다 반드시 이해해야 할 핵심 개념어와 학습 도구어가 있는데, 기초 어휘력이 부족하면 설명 자체를 이해하기 어렵습니다. 그 상태로 학년이 올라가면 모르는 개념이 쌓이고, 학습 전반이 점점 버거워지는 악순환에 빠지게 됩니다.

특히 저학년에서 고학년으로 넘어가는 시기는 ① 어휘의 이중적 의미 ② 비유 표현 ③ 기초 문법을 익히는 결정적 시기입니다. 이때 어휘 기반을 제대로 다시지 못하면 이후 등장하는 추상어와 개념어를 받아들이는 데 큰 어려움을 겪게 됩니다. 수학에서 기초를 놓치면 응용문제가 풀리지 않는 것과 같은 원리입니다.

초등 시기의 독서가 중요한 두 번째 이유는 이때가 독서의 재미를 알려줄 마지막 시기이기 때문입니다. 영상과 게임에 압도적으로 노출되는 청소년기에 비해 초등 시기는 마음만 먹으면 가정에서 충분히 독서 시간을 확보할 수 있습니다. 하지만 현실은 영어·수학 선행학습으로 채워지는 경우가 많습니다. 한국어 문해력도 충분히 다지지 못한 채 아이들은 영어 단어를 외우고 복잡한 수학 문제를 풀고 있습니다.

독서 황금기인 이 시기를 현명하게 보내려면 어떻게 해야 할까요? 답은 가정의 환경, 그리고 부모의 태도에 달려 있습니다. 부모가 책 읽는 모습을 보여주고, 아이와 함께 책을 고르고, 읽은 이야기에 대해 자연스럽게 대화를 나누는 것. 이 과정이 반복되면 독서는 훈육이 아니라 일상이 됩니다. 이런 환경에서 자란 아이는 스마트폰보다 책을 먼저 집어 들고 첫 장을 넘기는 순간부터 몰입하게 됩니다. 이야기책에서는 주인공과 함께 모험을 떠나는 짜릿함을 느끼고 지식책에서는 새로운 세계가 열리는 지적 즐거움을 맛보겠지요. 어떤 책이든 끝까지 읽고 나면 맛있는 음식을 마지막 한 입까지 즐긴 것 같은 포만감이 남습니다. 이런 희열을 맛본 아이는 자연스럽게 또 다른 책을 향해 걸어갑니다.

초등 시기가 아이의 독서 황금기라는 사실을 꼭 기억하세요. 이 시기에 꾸준한 독서 경험을 쌓은 아이는 결국 폭발적인 어휘력과 함께 흔들리지 않는 학습의 토대를 갖추게 됩니다.

3 엄마표 독서가 책 읽기를 질리게 한다

어느 때 보면 아이들의 머릿속에는 '큰 지우개'가 있는 것 같습니다. 분명 책을 집중해 읽은 것 같은데 내용을 물어보면 간단한 질문에도 선뜻 답하지 못할 때가 많죠. 방금 마지막 장을 덮었는데도 멀뚱멀뚱 눈만 끔뻑거리는 모습을 보면서 많은 부모님이 답답해합니다.

하지만 사실 더 답답하고 괴로운 쪽은 아이입니다. 특히 누군가의 지시에 따라 억지로 책을 읽었다면, 그 감정은 답답함을 넘어 억울함에 가깝습니다. 읽고 싶지 않은 책을 끝까지 읽었는데 내용을 캐묻기까지 한다면 아이는 "책을 읽었는데 왜 혼나는 거지?"라고 생각하겠지요. 이런 경험이 반복되면 아이에게 독서는 즐거움이나 위로가 아닌 검사와 평가를 받는 학습 도구가 되어버립니다. 그런 경험을 반복해 온 아이는 자연스레 책을 피하는 법부터 체득하겠지요.

요즘 초등 독서에 대한 관심이 예전보다 훨씬 높아진 것은 사실입니다. 한때는 책을 읽지 않는다고 해서 큰 문제가 되는 분위기는 아니었죠. 제가 독서 교육 일을 처음 시작하던 때만 해도 "책을 읽히는 데 왜 돈을 내야 하느냐"라는 말을 정말 많이 들었으니까요.

사실 지금도 저는 "아이에게 책을 읽히기 위해 꼭 학원에 보내야 하나요?"라는 질문을 받으면 망설임 없이 "아니요"라고 답합니다. 부모가 아이의 독서 동반자가 되어줄 수 있다면 그것만큼 강력한 독서 교육은 없기 때문입니다. 하지만 현실에서는 엄마표 독서의 성공담보다 실패담이 훨씬 더 많이 들려옵니다. 그 이유는 부모님이 가장 잘 알고 계실 겁니다. 대부분의 부모가 책을 읽은 아이를 앞에 앉혀 두고 시험 보듯 내용을 묻습니다. 아이가 대답을 못하면 부모는 그동안 눌러왔던 불안과 화를 한꺼번에 터뜨리기도 합니다.

물론 아이를 위하는 마음에서 비롯된 행동이라는 것을 압니다. 아이가 기대만큼 해내지 못할 때 빌려오는 불안, 그 불안이 분노로 바뀌는 마음을 저 역시 알고 있습니다. 결국은 모두 '우리 아이가 잘되길 바라는 마음' 때문이니까요.

엄마표 독서가 어려운 이유는 여기서 끝이 아닙니다. 아이의 학년이 올라갈수록 독서보다 학습이 우선시되기 때문입니다.

"초6 때 중등 영어를 끝내야 한대."
"중등 수학 선행은 필수래."

아이가 교과서를 어려워하는데 선행까지 뒤처졌다고 느끼는 순간, 부모는 불안해질 수밖에 없습니다. 주변에서 들려오는 '카더라' 통신은 안 그래도 불안한 부모의 마음을 더욱 조급하게 만듭니다. 그러다 보면 독서는 자연스럽게 뒤로 밀리고 아이에게 남는 독서 시간은 학원 스케줄 사이의 자투리 시간뿐입니다. 잠깐 숨 돌릴 수 있는 그 시간에 부모가 "책 좀 읽어!"라고 말한다면 아이에게 독서는 어떤 얼굴일까요? 아마도 또 하나의 힘든 과제로 다가올 겁니다.

"책은 나를 괴롭히는 것.
나의 쉬는 시간을 뺏는 것.
또 하나의 숙제야."

아이의 마음속에 독서는 이런 얼굴로 자리 잡을 가능성이 큽니다.

4학년 동진이의 이야기를 들려드릴게요. 뽀얀 얼굴에 단정한 머리, 깔끔한 옷차림의 동진이는 첫인상부터 부모의 세심한 보살핌 속에서 자란 아이라는 느낌을 주었습니다. 동진이의 할머니께서는 제게 이렇게 말씀하셨죠.

"우리 동진이는 공부도 잘하고 성격도 정말 착해요."

다만 한 가지 마음에 걸리는 점이 있다고 하셨습니다. 바로 동진이 어머니가 아이를 자주, 그리고 강하게 혼낸다는 사실이었죠. 그래서였을까요. 독서 수업 시간에 보이는 동진이의 모습은 평소와는 조금 달랐습니다. 책을 읽고 난 뒤 이야기를 나누는 시간이 되면 동진이의 눈빛은 금세 흔들렸고 때로는 얼음장처럼 굳어버리곤 했습니다. 충분히 대답할 수 있는 질문에도 끝내 입을 열지 않았습니다. 그때 할머니의 말씀이 떠올랐습니다. 동진이가 독서 수업 시간마다 얼어붙는 이유는 집에서 반복되었던 엄마표 독서의 확인 과정 때문이었겠지요. 질문에 바로 대답하지 못할 때마다 엄마의 표정은 굳어졌을 겁니다. 그런 일이 반복되면서 동진이는 책과 관련된 대화를 두려워하게 되었습니다. 책에 관한 대화 시간이 '답을 틀리면 안 되는 상황' 또는 '엄마에게 혼날 수 있는 순간'으로 각인된 것이죠.

한 가지 분명하게 말씀드리고 싶은 것이 있습니다. 아이의 마음을 이해하지 않고서는 엄마표 독서에 절대 성공할 수 없습니다. 독서의 주체는 부모가 아니라 아이이기 때문입니다. 독서를 편안하고 긍정적인 경험으로 받아들여야 머리에 남는 책 읽기를 할 수 있습니다. 따라서 우리가 가장 먼저 점검해야 할 것은 읽은 책의 내용이 아니라 환경입니다. 책을 읽기 전에 충분히 쉬게 하고, 독서 시간을 상의해 정하세요. 그 시간만큼은 책에 온전히 몰입할 수 있도록 도와주어야 합니다.

마음 같아서는 아이가 책을 막 덮는 순간 곧바로 내용을 확인하고 싶으실 겁니다. 하지만 여유를 갖고 조금만 기다려주세요. 아이가 책의 여운을 느끼고 있거나 책 내용을 곱씹는 중일 수도 있으니까요. 그 순간을 기다리지 못하고 질문을 쏟아부으면 아이가 독서를 통해 느낀 충만감이 오히려 짜증과 부담으로 바뀔 수 있습니다.

안타까운 이야기지만 생각보다 많은 아이가 '엄마가 기뻐할 것 같아서' 책 읽는 척 연기를 하기도 합니다. 자녀는 누구보다 빠르게 부모의 감정을 읽어내니까요. 그러니 아이가 '진짜 독서'에 몰입할 수 있도록 책의 선택권을 아이에게 주는 것이 좋습니다. 다만 아이가 너무 쉬운 그림책만 고르거나 자기 수준에 안 맞는 지나치게 어려운 책을 들고 읽는 척을 한다면 그런 책들은 미리 치워두세요. 책의 난이도는 어휘와 가장 밀접하게 연결되어 있기 때문입니다.

여러 연구에 따르면 책 속 어휘의 70% 정도를 알고 있어야 비교적 수월하게 읽을 수 있다고 합니다. 영어 지문을 읽을 때 모르는 단어가 너무 많으면 내용 자체가 눈에 들어오지 않는 것과 같은 원리죠. 한글 책도 다르지 않습니다. 문장을 읽고 의미를 연결하는 힘은 결국 어휘를 바탕으로 만들어집니다. 그렇기에 아이와 책으로 대화하는 '북 토킹Book Talking'은 아이 스스로 이야기할 준비가 되었을 때, 부담 없이 답할 수 있는 질문부터 시작하는 것을 추천합니다.

예를 들어 '고조선'에 대한 책을 읽었다면, "고조선이 어떤 나라니?"처럼 해석이 필요한 질문보다 "고조선은 누가 세운 나라야?"처럼 직관적인 질문이 먼저입니다. 사람은 누구나 자신이 알고 있는 것을 다른 사람에게 알려주고 싶어 하는 본능을 갖고 있습니다. 아이들도 마찬가지로 방금 책에서 새롭게 알게 된 내용을 엄마, 아빠에게 신나게 말하고 싶어 합니다. 능동적으로 독후 활동을 하려는 마음, 그 마음을 꺾지 않는 것이 중요합니다.

스스로 명확하게 답할 수 있는 질문이 이어지면 아이는 점차 자신감을 갖고 더 어려운 질문에도 대답하게 됩니다. 아이의 감상이나 느낌을 묻고 싶다면 부모가 먼저 자신의 감상을 말해주는 것도 좋은 방법입니다. 아이가 꼭 책의 내용에 공감하지 않아도 괜찮습니다. 중요한 건 아이의 말을 평가하지 않고 받아들이는 태도입니다.

언젠가 어린이집에 다녀온 뒤 "엄마, 오늘 저 강낭콩 심었어요!" 하고 사랑스럽게 달려오던 아이를 떠올려 보세요. 그때 우리는 칭찬과 공감으로 반응하지 않았나요? 그런데 왜 독서에 관해서는 그렇게 하지 않을까요. 질문에 답을 못 했다고, 혹은 작은 실수를 했다고 아이에게 모진 말을 하고 있지는 않은지 먼저 자신을 돌아볼 필요가 있습니다. 방금 읽은 책의 내용을 말하지 못한다고 해서 우리 아이가 부족한 것도 아니고, 당장 성적이 낮아졌다고 해서 끝까지 뒤처지는 것도 아닙니다. 독서력은 차분함과 끈기로 쌓아 가는 영역입니다. 편안한 환경에서 올바른 방식으로 연습하면 반드시 향상될 수 있습니다.

4   AI 시대, 독서는 현실적인 생존 도구다

전문가들은 앞으로 더 많은 영역에서 AI가 인간의 역할을 대신할 것이라고 전망합니다. 언론 역시 상당수의 전문직이 AI로 대체될 가능성을 거듭해서 지적합니다. 전문직은 지식 집약적인 성격이 강하지만 이제는 해박한 지식만으로 경쟁력을 갖추기 어려운 시대가 되었습니다. 방대한 정보를 빠르고 정확하게 학습하는 AI와 같은 방식으로 경쟁하는 것은 인간에게 현실적으로 불리하기 때문입니다. 이처럼 인공지능이 일상 곳곳에 스며들면서 많은 부모가 아이의 미래를 걱정합니다. 부모 세대에게 통하던 '성공의 공식'이 더 이상 유효하지 않기 때문입니다.

열심히 공부해 좋은 성적을 받고 명문 대학을 거쳐 전문직이나 대기업에 들어가는 방식이 더는 안정과 행복을 보장하지 않는 시대가 된 것이죠.

그렇다면 AI 시대에 우리 아이들은 무엇을 준비해야 할까요? 바로 스스로 책을 읽는 능동적인 독서 습관입니다. "AI가 인간보다 훨씬 빠르게 책을 읽고 글을 쓰는 시대에 인간의 독서가 무슨 의미가 있을까?"라는 생각이 들 수도 있습니다. 언뜻 보면 독서는 비효율적인 활동처럼 보이기도 합니다. 하지만 인공지능이 인간의 문해력을 뛰어넘는 지금이야말로 책 읽기가 가장 중요한 시대입니다. 지금까지 독서가 더 나은 삶을 위한 '선택'이었다면, 이제 독서는 생존을 위한 '필수 능력'이 될 것입니다.

AI 시대에 독서가 중요한 이유는 분명합니다. 창의성과 비판적 사고는 AI가 대체할 수 없는 인간의 핵심 역량이기 때문입니다. 물론 소설, 그림, 음악처럼 창작의 영역에도 이미 AI는 깊숙이 들어와 있습니다. 하지만 AI의 창작은 기존에 학습한 데이터를 조합해 만들어낸 결과일 뿐, 인간처럼 세상에 없던 질문을 던지고 전혀 새로운 관점을 만들어내는 방식과는 다릅니다.

인간의 창의력은 언제 가장 잘 발휘될까요? 뇌신경학자들은 공통적으로 새로운 정보와 느린 사고가 만날 때 깊은 몰입 속에서 인간의 창의력이 가장 빛난다고 말합니다. 그리고 이 새로운 정보를 가장 안정적으로 얻을 수 있는 곳이 바로 책입니다. 독서는 단순히 머릿속에 정보를 쌓는 활동이 아닙니다. 읽은 내용을 나만의 기준으로 재해석하고, "정말 그런가?", "다른 관점은 없을까?"를 끊임없이 질문하게 합니다. 이 과정에서 새로운 아이디어가 나오는 것이죠.

하버드대학교에서 진행한 연구에 따르면, 어릴 때부터 독서를 통해 다양한 관점을 접한 아이들은 문제 해결 능력과 공감 능력이 유의미하게 향상되는 것으로 나타났습니다. 이는 AI의 '빠른 검색'이나 '패턴 학습'과는 완전히 다른 차원의 사고 과정입니다.

상상력 역시 인간만의 고유한 역량입니다. 꿈을 꾸고 서로 관련이 없어 보이는 것들을 연결해 새로운 세계를 만들며, 존재하지 않던 이야기를 창조하는 능력은 데이터 학습만으로는 재현하기 어렵습니다. 인공지능이 아무리 방대한 정보를 빠르게 습득하고 처리할 수 있다 해도 인간처럼 '없는 것을 상상해 처음부터 만들어내는 일'은 아직 불가능합니다.

또한 AI에는 치명적인 한계가 있습니다. 바로 '참'과 '거짓'을 스스로 구분하지 못한다는 짐입니다. 학습의 범위와 기준은 결국 인간이 정해주기 때문에 잘못된 정보를 입력해도 AI는 그 오류를 바탕으로 더욱 그럴듯한 문장을 만들어냅니다. 그래서 AI가 작성한 글에는 사실과 다른 정보가 섞여 있는 경우가 적지 않습니다. 중요한 보고서나 과제라면 이는 치명적인 결과로 이어지겠죠.

AI가 만든 결과물을 그대로 받아들이지 않고 내용이 사실인지 검증하여 목적과 의도에 맞지 않다면 다시 질문하고 방향을 수정하는 일은 오직 인간만이 할 수 있습니다. 이런 능력을 갖춘 사람이야말로 AI를 효율적으로 활용해 작업 시간은 줄이고 결과물의 질은 높이는 진짜 미래형 인재입니다.

우리 아이를 이 같은 미래형 인재로 키우려면 무엇을 준비해야 할까요? 답은 '수준 높은 독서'입니다. 아이가 어릴 때부터 어휘와 배경지식을 차곡차곡 쌓아 복잡한 텍스트 속에서 핵심을 골라낼 수 있도록 가능한 한 다양한 분야의 책을 읽게 해주세요. 이렇게 쌓은 독해력은 AI가 만든 정보 앞에서도 흔들리지 않고 스스로 판단하고 선택할 수 있는 강력한 자산이 됩니다.

아이들에게 책을 읽히는 이유는 더 많은 지식을 쥐여주기 위해서가 아닙니다. 어떤 세상이 펼쳐지더라도 스스로 생각하고 판단하고 선택할 수 있는 힘을 갖게 해주려는 거죠. 그 힘은 하루아침에 생기지 않습니다. 조용히 책을 읽고 이해하고 질문하고 다시 생각하는 시간 속에서 천천히 자랍니다. 그런 의미에서 독서는 느리지만 가장 확실한 미래 준비입니다.

AI가 무엇이든 대신해 주는 시대일수록 '생각하는 힘'이 필요합니다. 오늘 아이 손에 쥐여준 한 권의 책은 분명 아이의 미래를 지켜주는 단단한 기반이 되어줄 겁니다. 우리는 그 길을 서두르지 않고 아이의 속도에 맞춰 함께 걸어가면 됩니다. 그것이면 충분합니다.

2부

문해력과 성적을 끌어올리는 초등 독서 처방전 4단계

3장

1단계 | 독서 기초기

읽어주는 어른이 있을 때
아이는 책과 가까워진다

독서는 단순히 글자를 읽는 활동이 아닙니다. 세상을 이해하고 타인의 마음을 헤아리며 스스로 생각하는 힘을 키우는 가장 근본적인 과정이지요. 초등 저학년 무렵의 독서 습관은 앞으로의 학습 태도와 사고력의 기초를 결정짓기도 합니다. 특히 이 시기에 경험하는 부모의 작은 관심과 태도는 아이의 평생 독서 습관을 좌우합니다. 아이가 자기만의 '독서 취향'을 갖고 책을 통해 즐거움을 발견할 수 있도록 방향을 잘 잡아주어야 합니다.

✅ 독서 기초기를 준비하는 부모의 마음가짐 체크리스트

☐ **독서는 조기 교육이 아니라 '관계 교육'이다.**
아이에게 책을 읽히기보다 책을 매개로 정서적 유대감을 쌓는 것이 먼저입니다.

☐ **'읽기'보다 '듣기'가 먼저다.**
글을 읽기 전 풍부한 언어 자극(이야기 듣기, 그림책 읽어주기) 활동이 언어 발달의 토대가 됩니다.

☐ **읽어주는 시간이 곧 '아이의 자존감을 키우는 시간'이다.**
부모가 읽어주는 책의 세계 안에서 다양한 경험을 한 아이는 결국 자존감이 높은 아이로 자랍니다.

☐ **글자 인식보다 '이야기 구조 이해'가 더 중요하다.**
'시작–전개–끝'을 이해하는 능력이 사고력의 기초가 됩니다.

☐ **그림책은 '감정 언어'를 배우는 교재다.**
주인공의 표정, 상황, 감정을 함께 이야기하며 정서지능을 키워주세요.

☐ **책의 양보다 '반응의 깊이'가 더 중요하다.**
열 권을 빨리 읽는 것보다 한 권을 깊이 느끼고 이를 표현해 보는 경험이 훨씬 의미 있습니다.

☐ **'이야기 나누기'가 핵심 활동이다.**
책 내용과 아이의 생각에 대해 다양한 방식의 대화를 나누세요.

☐ **독서 습관은 '루틴'으로 만들어진다.**
하루 10분이라도 정해진 시간에 꾸준히 읽는 것이 중요합니다.

☐ **부모의 태도가 곧 아이의 독서 태도다.**
부모가 즐겁게 읽는 모습을 보여주는 것이 최고의 독서 교육입니다.

☐ **절대 강요하지 않는다.**
"읽어!"보다 "같이 놀까?"가 올바른 독서 교육의 시작입니다.

1

책 읽어주는 시간이 아이의 뇌세포를 깨운다

"언제 아이에게 책을 가장 열심히 읽어주셨나요?"

전국의 수많은 학부모를 만날 때마다 늘 던지는 질문입니다. 대답은 거의 비슷합니다. 아이가 아직 한글을 떼지 못한 영유아기, 이른바 '꼬꼬마 시절'이지요. 물론 이 시기에는 듣기를 통해 아이의 뇌 곳곳이 자극되기 때문에 책 읽어주기는 매우 효과적인 경험이 됩니다.

하지만 부모와 아이가 나란히 앉아 책에 빠져드는 이 아름다운 장면은 생각보다 오래가지 않습니다. 아이가 한글을 떼고 혼자 읽을 수 있게 되면, "이제는 스스로 읽어야지"라는 압박이 시작됩니다. 실제로 제가 강의나 상담에서 가장 자주 받는 질문도 바로 이 '읽어주기'와 관련된 고민입니다.

"한글을 다 뗐는데도 아이가 혼자 읽지 않고 계속 읽어달라고 해요. 이제부터는 혼자 읽는 연습을 해야 하지 않을까요?"

처음 읽기를 배울 때 가장 먼저 마주하는 벽은 '문자'입니다. 우리나라 아이들에게는 한글이지요. 그렇다면 한글만 빨리 익히면 아이는 저절로 혼자 책을 읽게 될까요? 저는 이 상황을 '걷기'에 비유해 보겠습니다. 막 걸음마를 시작한 아이에게 필요한 것은 다리뿐만이 아닙니다. 두 발로 균형을 잡는 법, 한 발을 옮길 때 중심을 이동하는 감각, 넘어졌다가 다시 일어나는 경험까지 수없이 반복해야 비로소 '걷기'가 됩니다. 그 과정이 어느 정도 익숙해졌을 때 우리는 아이에게 "이제 뛰어보자"라고 말합니다.

읽기도 마찬가지입니다. 읽으려면 먼저 기호를 익혀야 합니다. 닿글자와 모음의 조합을 읽을 수 있게 되면 '문자 해독이 기능하다'라고 말합니다. 하지만 이것은 읽기의 끝이 아니라 시작입니다. 단어에 조사와 어미가 붙어 문장이 되고, 문장이 모여 글이 되었을 때 그 흐름과 의미를 이해하며 읽어내는 과정이 뒤따라야 비로소 '읽기'가 완성됩니다.

아이는 이제 겨우 낱말을 틀리지 않고 소리 내어 읽는 단계인데, 문장의 의미까지 이해하라고 요구받는다면 버겁게 느끼는 것이 당연합니다. 아직 제대로 걷지 못하는 아이에게 "뛰어, 그것도 빨리 뛰어"라고 요구하는 순간 아이의 첫 '혼자 읽기 도전'은 좌절로 끝나고 맙니다.

제가 고등학생이었을 때 국어 선생님께서는 늘 수업을 시작하며 책 한 페이지를 읽어주셨습니다. 그러고는 이런 말씀을 하셨죠.

"지금 내가 읽어주는 이 책이 너희를 책 읽는 어른으로 키워줄 거야."

선생님께서 낮고 묵직한 목소리로 읽어주시던 『메밀꽃 필 무렵』의 한 대목은 지금도 제 기억 속에 생생히 남아 있습니다. 그 경험은 제게 책이라는 존재를 따뜻하고 친근한 것으로 각인시켰지요.

독서 교육을 하다 보면 한글을 다 떼고 소리 내어 유창하게 읽을 줄도 아는 아이가 정작 책 내용을 물으면 아무 대답도 하지 못하는 상황을 자주 만납니다. 겨우 몇 페이지만 읽었을 뿐인데 무엇을 읽었는지조차 모르는 경우가 많지요. 이런 모습은 사실 아이가 글자를 몰랐던 시기부터 이미 나타났을 것입니다.

어릴 때 부모가 많은 책을 읽어준 아이는 문자 체계를 익힌 이후에도 글의 내용을 자연스럽게 이해하며 읽기 시작합니다. 이야기를 들으며 문장의 구조와 이야기의 흐름을 몸으로 익혀왔기 때문입니다. 주어와 서술어를 개념적으로 알지 못해도 문장이 어떤 순서로 이어지고 이야기가 어떻게 전개되는지 감각적으로 이해합니다. 이 경험이 아이의 언어 능력을 단단하게 만들어줍니다.

반대로 듣는 경험이 부족했던 아이는 한글은 읽을 수 있지만 '글을 읽는다는 것'이 곧 '글쓴이의 생각과 감정을 이해하는 일'이라는 사실을 잘 모릅니다. 그래서 순식간에 책을 읽고는 "다 읽었어요!"라고 말합니다. 하지만 질문해 보면 줄거리의 일부만 어렴풋이 기억할 뿐, 등장인물의 감정이나 사건의 인과관계는 제대로 이해하지 못하는 경우가 많습니다. 글자를 '읽은 것'이지 글을 '이해한 것'은 아니었으니까요.

이때 아이에게 내용을 캐묻거나 "다시 읽어"라고 강요하면 어떻게 될까요? 아이의 자존감과 자신감은 쉽게 무너집니다.

"나는 책을 잘 못 읽는구나"라는 좌절감 때문입니다. 혹시 이런 적이 있다면 우리가 아이에게 독서를 시키려는 진짜 이유를 다시 떠올려 보세요.

읽고 이해하는 힘이 부족한 아이에게는 먼저 '듣고 이해하는 경험'을 충분히 시켜주세요. 편안하게 누군가의 목소리를 따라 이야기를 듣는 동안 아이는 머릿속으로 장면을 그리며 자유롭게 상상합니다. 이것이 언어 감각을 키우는 가장 자연스러운 방법입니다.

말하기, 듣기, 보기, 만져서 느끼기 같은 감각은 인간의 생존과 직결되기에 태어날 때부터 체득하도록 설계되어 있습니다. 하지만 문자는 생존을 위해 반드시 필요한 기능은 아닙니다. 더 높은 수준의 삶을 위해 인류가 만들어낸 도구입니다. 그래서 읽기와 쓰기는 반드시 의식적인 훈련과 충분한 경험을 통해 익혀야 하는 기술입니다. 유아기부터 풍부한 이야기를 듣고 자란 아이는 문자 기호와 이야기의 의미를 자연스럽게 연결하며 읽기 능력을 키워갑니다.

"아이에게 책을 많이 읽어주세요"라는 당부가 결코 가벼운 주문이 아니라는 걸 저도 잘 알고 있습니다. 책을 읽어주는 일은 생각보다 많은 에너지를 소모하는 꽤 고된 작업이니까요. "목이 아파요", "숨이 차요", "힘들게 읽는데 아이는 딴짓을 해요”라며 하소연하는 분들의 심정에 공감합니다. 해야 할 일은 많은데 체력은 한정돼 있고 시간은 늘 빠듯하죠. 그래서 저는 처음부터 너무 거창하게 시작하지 말라고 말씀드립니다. 연기하듯 목청을 높여 읽을 필요도 없고 매번 감정을 실어 읽지 않아도 됩니다. 오히려 편안한 톤으로 담담하게, 그러나 꾸준히 읽어주는 것이 훨씬 효과적입니다. 한 번에 오래 읽어주지 않아도 괜찮습니다. 아이의 표정을 살피며 집중력이 유지되는 만큼만 읽고 멈춰도 됩니다. 아이에게 책을 읽어줄 때는 다음의 세 가지를 기억하세요.

① 나와 아이 모두 기분이 좋을 때 읽는다.
② 읽는 도중 언제든 멈춰도 괜찮다.
③ 잠자기 전, 짧게라도 읽어주는 루틴을 만든다.

사실 이 시기의 아이가 오랫동안 책에 집중하는 것은 거의 불가능합니다. 읽어주다 보면 갑자기 다른 물건을 집으러 가는 일도 흔합니다. 그때 억지로 데려와 앉히지 마세요. 새로운 사물에 집중하는 그 과정 자체가 관찰력과 집중력이 자라는 시간입니다. 아이의 탐색이 끝나고 다시 부모 곁으로 돌아오면 그때 다시 책을 펼치면 됩니다. 영·유아기의 독서는 기다림의 시간이기도 합니다. 아이의 속도를 존중할수록 책과 가까워지는 시간은 자연스럽게 늘어납니다.

또한 아이의 수준보다 조금 어려운 어휘가 섞인 책을 골라 읽어주는 것이 좋습니다. 문장을 천천히 끊어 읽어주되 문맥 속에서 새로운 단어를 자연스럽게 접하다 보면 아이는 부담 없이 고급 어휘를 흡수합니다. 무엇보다 중요한 것은 '자주' 읽어주는 것입니다. 아이의 뇌 안에 강력한 언어 회로를 만들 수 있는 다시 없을 기회이기 때문입니다. 앞에서도 이야기했지만 많은 부모가 유아기에는 열심히 책을 읽어주다가 아이가 초등학생이 되면 학습에 신경 쓰느라 바쁩니다. 하지만 아이는 우리가 생각하는 것보다 훨씬 빨리 성장합니다. 어느 순간부터 엄마, 아빠보다 친구가 더 중요한 시기가 찾아옵니다. 그때가 오기 전까지 부지런히 품에 안고 책을 읽어주세요. 소중한 이 시간은 다시 돌아오지 않습니다.

◆◆◆ 책나무 독서 상담소 ◆◆◆

사례 1 책을 읽어줄 때 아이가 집중하지 못하는 경우

- 아이가 지루해하는 기색이 보이면 읽기를 멈추세요.

- 이 책을 그만 읽을지 의견을 물어보세요.

- 아이가 좋아하는 책을 고르도록 도와주세요.

- 책 내용과 관련된 식재료나 아이가 좋아하는 간식을 두어 관심을 높이세요.

💬 대화 예시

- "○○이가 이 책보다 더 읽고 싶은 책이 있는 것 같은데 같이 골라볼까?"

- "그 책은 그림이 참 멋진데 어떤 이야기인지 함께 볼까?"

- "잘 듣고 있다가 이 책에서 특히 재미있었던 부분이 나오면 알려줄래?"

- "쿠키를 만드는 이야기가 나오는 책이네, 우리도 쿠키 먹으면서 들어볼까?"

- 읽어주기 힘든 날은 읽기 대신 책 내용과 관련된 체험 활동을 해 보세요.

- 아이에게 그림책의 그림을 보며 이야기를 만들어 보자고 하세요.

- 읽기의 주도권을 아이에게 넘기고 이야기에 귀 기울여 주세요.

- 아이와 읽기를 시작할 때 몇 권을 읽을지, 또는 언제까지 책을 읽을지를 정하세요.

- 책 읽기 루틴을 1일, 3일, 7일 등 일정한 간격으로 정해두는 것도 좋습니다.

- 부모가 지치면 그 짜증이 아이에게 고스란히 전달되어 읽기를 부정적으로 받아들입니다.

💬 대화 예시

- "○○이가 이 그림을 보면 어떤 생각이 드는지 궁금한데."

- "우리 오늘은 몇 권을 읽을까? 책 읽고 맛있는 저녁을 먹어야 하니 그 전에 마치려면 몇 권이 좋을까?"

- "오늘 자기 전에 내일 읽고 싶은 책을 미리 골라볼까?"

- "○○아, 엄마(아빠) 목이 아픈데, 내일 다시 책 속에서 만날까?"

- "오늘은 어제 읽은 책처럼 화분 심기를 직접 해볼까?"

 초등 저학년인데도 여전히 읽어달라는 경우

- 아이가 원한다면 초등 3학년이 될 때까지는 책을 읽어주세요.

- 아이가 글을 잘 읽고 쓴다면 번갈아 읽기로 서서히 주도권을 넘겨주세요.

- 어려운 낱말이 나오면 엄마(아빠)가 읽기를 멈추고 아이가 읽도록 이끌어주세요.

- 아이가 읽은 내용을 설명하고 부모님은 귀를 기울입니다.

- 아이가 내용과 숨은 뜻을 잘 이해하고 있는지 확인하고, 그러지 못한다면 조금 더 쉬운 책을 읽은 후 다시 확인해 보세요.

💬 대화 예시

- "○○이는 벌써 다음 장이 궁금하구나. ○○이가 원하는 속도로 한번 빠르게 읽어볼까?"

- "이 책은 엄마(아빠)가 읽을게. ○○이가 읽어주는 책을 듣고 싶은데 한 권 골라볼까?"

- "이 페이지에서 무슨 일이 일어난 거야? 엄마(아빠)는 잘 모르겠네."

- "○○이는 어려운 내용도 척척 알고 모르는 것도 잘 설명해 주는구나. 처음 보는 책도 그렇게 설명할 수 있는지 ○○이가 엄마(아빠)와 번갈아 가며 읽어볼까?"

2 ___ 눈높이에 맞는 책을 아이 스스로 즐기게 하라

책은 참 좋은 친구입니다. 한번 친해지면 어린 시절부터 학창 시절, 청춘을 지나 인생의 희로애락을 겪는 순간까지 우리 곁에 머물러 있습니다. 때로는 고민을 풀어주는 해결사가 되기도 하고, 때로는 밤새 책장을 넘기게 할 만큼 커다란 재미를 주기도 합니다.

하지만 이 친구가 한없이 베풀기만 하는 건 아닙니다. 조금이라도 소홀히 대하면, 다시 말해 대충 읽으면 책은 우리에게 진짜 이야기를 들려주지 않습니다. 소위 말해 '밀당'을 잘하는 이 '책'과 우리 아이는 어떻게 절친이 될 수 있을까요? 지금부터 아이의 발달 단계에 맞춰 책과 자연스럽게 친해지는 방법을 소개하겠습니다.

독서 발달을 기준으로 보면 아이의 성장 단계는 크게 영·유아기, 초등 시기, 중·고등 시기로 나눌 수 있습니다.

📖 어휘력이 폭발하는 영·유아기

영·유아기는 책과의 첫 만남이 이루어지는 시기로, 무엇보다 자연스럽고 편안하게 책을 '보고 듣는 경험'이 중요합니다. 글자를 해독하지 못하는 이 시기의 아이들은 시각적 정보(그림)와 청각적 정보(읽어주는 목소리)를 동시에 받아들이는데요. 이두 요소 모두 문해력 발달에 큰 영향을 미칩니다.

그림을 보며 이야기를 들으면 아이는 자연스럽게 "다음엔 어떤 일이 일어날까?"를 상상하게 됩니다. 이 과정에서 추론 능력이 자라납니다. 또한 이 시기는 문해력의 핵심인 어휘력이 폭발적으로 성장하는 시기이기도 합니다. 실제로 3세 아이는 약 1000개의 단어를, 5~6세 아이는 2500개 이상의 단어를 사용할 수 있다고 알려져 있습니다. 학자들이 생후 18개월 전후를 '언어 폭발기'라고 부르는 이유가 바로 여기에 있습니다.

이 놀라운 독서 황금기를 그냥 지나칠 수는 없겠지요. 이 시기에는 '문자=즐거움'이라는 경험을 쌓아주세요. 책의 내용뿐 아니라, 책을 매개로 한 정서적 경험이 아이의 인지·정서 발달을 함께 이끌기 때문입니다.

영·유아기 아이들은 스스로 읽지 못하기 때문에 어른의 도움에 전적으로 의존합니다. 그래서 읽어주는 사람의 감정 상태가 그대로 전달됩니다. 화가 나 있거나 짜증이 난 상태라면, 그 분위기가 고스란히 목소리와 표정에 담겨 아이에게 전해지겠지요. 그렇게 되면 아이는 '책 읽기=불편함'으로 연결해 기억할 수 있습니다. 그래서 부모가 편안할 때 읽어주는 것이 무엇보다 중요합니다. 아이의 어휘력 발달을 돕고 싶다면 구어체 문장, 운율이 살아 있는 문장처럼 리듬감 있는 책을 골라 읽어주세요. 아이들은 노래처럼 듣고 쉽게 기억합니다. 또한 글을 그대로 옮긴 삽화보다는 삽화가의 상상력이 살아 있는 그림책이 좋습니다. 그림을 보며 마음껏 상상하는 과정에서 추론 능력과 독서의 즐거움이 함께 자랍니다.

📖 한글 해독의 황금기인 초등 1~2학년

초등 시기는 저·중·고학년으로 나누어 살펴봐야 합니다. 그중 저학년은 한글을 '해독'하는 시기입니다. 초등 1학년을 지나 2학년 무렵이 되면 아이들은 글자를 자연스럽고 능숙하게 읽기 시작합니다. 이때부터 혼자 힘으로 다양한 글을 읽으며 등장인물, 중심 내용, 새롭게 알게 된 정보를 이해하게 됩니다. 이런 경험이 풍부한 아이들은 중학년부터 본격적으로 시작되는 '학습 독서' 시기를 훨씬 수월하게 통과할 수 있습니다.

저학년 아이들은 어휘가 모여 문장이 되고, 그 문장이 의미를 만든다는 개념을 배워가는 단계에 있습니다. 그런데 이런 연결을 이해하지 못하면 아이들은 소리 내어 읽기는 잘해도 글이 전달하는 메시지는 제대로 파악하지 못합니다. 이처럼 문장이 전하는 뜻을 이해하지 못하는 초등 1~2학년 아이들에게는 '광고 만들기'를 추천합니다. 책에 등장하는 물건 하나를 골라 판매 광고를 만드는 독서 활동인데요. 이 놀이를 통해 아이는 '읽는 사람'에서 '내용을 활용하는 사람'으로 한 단계 더 나아가게 됩니다. 방법은 아주 간단합니다. 책 속에 등장한 물건 하나를 고른 뒤, 아이에게 이렇게 질문해 보세요.

"이걸 팔아야 한다면, 어떤 점을 자랑하고 싶어?"

아이는 물건이 확대된 영상을 떠올리며 누가 썼는지, 언제 필요했는지, 어떤 역할을 했는지를 설명하게 됩니다. 이 과정에서 인물·상황·맥락 이해가 동시에 이루어집니다. 광고 문구는 짧은 문장이어도 괜찮습니다.

"이 물건은 ○○할 때 꼭 필요해요."
"이게 있어서 주인공이 ○○할 수 있었어요."

이렇게 한두 문장만으로도 충분합니다. 글로 써도 좋고, 그림으로 표현해도 괜찮습니다. 글쓰기가 부담스러운 아이에게는 말로 설명하게 하고 부모가 받아 적는 방식도 활용해 보세요.

"이 물건이 왜 중요했지?"
"이게 없었으면 이야기가 어떻게 달라졌을까?"

이처럼 줄거리를 외우지 않아도 책의 핵심을 이해하게 되는 거죠. 무엇보다 이 활동의 가장 큰 장점은 책이 아이에게

'놀 수 있는 상상의 재료'가 된다는 점입니다. 읽고 끝나는 독서가 아니라, 가지고 놀 수 있는 독서. 이런 즐거움이 쌓일수록 아이는 책을 부담 없이, 더 자주 찾게 됩니다.

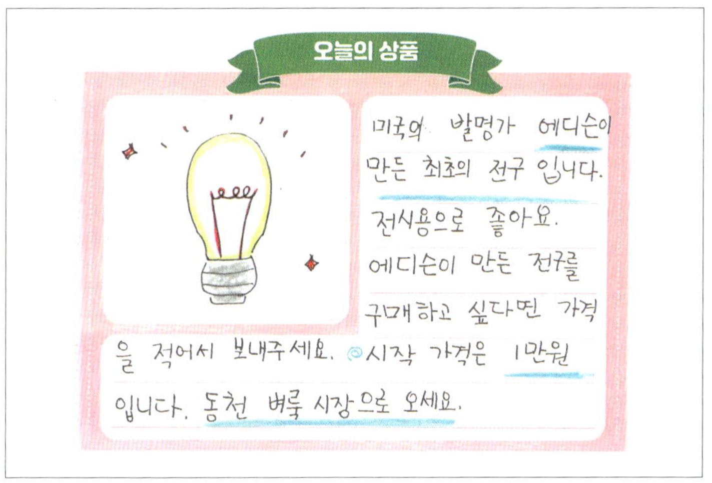

또 하나 추천하고 싶은 활동은 '물약 꾸미기' 놀이입니다. 오늘 읽은 책 한 권을 하나의 물약으로 상상해 보는 활동인데요. 책의 내용을 아이의 감정과 경험으로 자연스럽게 연결해 줍니다. 먼저 이렇게 질문해 보세요.

"이 책이 물약이라면, 어떤 불약일까?"

　아이는 읽은 책을 떠올리며 물약의 이름, 맛과 향, 효과를 하나씩 상상합니다. 예를 들어 『금도끼 은도끼』라면 물약의 이름은 '이 도끼가 네 도끼냐 물약', 맛과 향은 산딸기처럼 새콤달콤한 맛, 효과는 '정직한 사람이 되게 해줘요'처럼 표현할 수 있겠지요.

　이 활동의 핵심은 줄거리 요약이 아니라 느낌 정리입니다.

　"이 책을 읽으면 ○○해져요."

　"이 장면 때문에 이런 맛일 것 같아요."

물약 꾸미기 활동지 예시

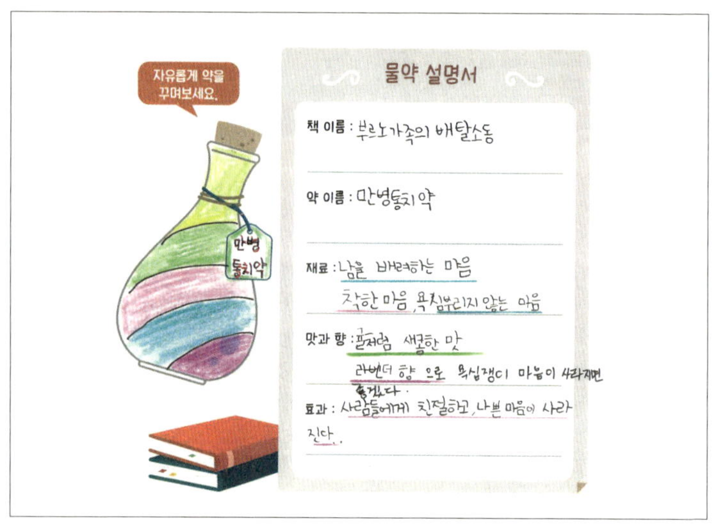

아이들은 물약의 효과를 설명하며 책의 메시지를 자기 언어로 풀어냅니다. 문장을 정확히 이해하지 못해도 이야기 전체에서 받은 인상을 말할 수 있다면 이미 독서의 중요한 단계를 밟고 있는 셈입니다.

표현 방식은 최대한 자유롭게 열어두세요. 말로 설명하거나 글로 써도 되고, 물약 병을 그리고 색칠하며 꾸며도 됩니다. 중요한 것은 결과물이 아니라 생각을 밖으로 꺼내는 경험입니다.

저학년 독서에서 이런 상상 놀이가 중요한 이유는 분명합니다. 글자를 해독하는 독서에서, 의미와 감정을 느끼는 독서로 넘어가기 위한 징검다리 역할을 해주기 때문입니다.

📖 독서가 학습과 직결되는 초등 3~4학년

초등 중학년에 들어선 아이들은 본격적인 '자아 독립기'를 맞습니다. 부모가 만들어준 세계에서 한 발짝 물러나 자신만의 세계를 만들기 시작하죠. 마음이 맞는 친구를 찾고 자기 생각을 분명하게 말하려 하며 어떤 일이든 스스로 결정하고 싶어 합니다. 그러다 보니 어느 날 갑자기 학원에 무단 결석을 하거나 지각을 해 부모를 놀라게 하는 일도 생깁니다.

이럴 때는 야단치기보다 홀로서기를 준비하는 아이의 변화를 이해하고 스스로 선택할 기회를 넓혀주는 것이 좋습니다. 이런 경험을 통해 아이는 일상과 학습에서의 자기 주도성을 기르고, 잘못된 선택을 스스로 돌아보며 고쳐가는 자기 조절 능력을 키우기 때문입니다.

인지적으로도 이 시기는 중요한 전환점입니다. 사고 방식이 상상 중심에서 분석 중심으로 이동하면서, 본격적으로 논리적 구조를 이해하는 능력이 형성됩니다. 그래서 학교에서도 중학년부터 교과목 수가 늘고 학습 목표의 난도가 높아지며 이른바 '학습을 위한 읽기Read to Learn' 시기로 접어듭니다.

이 시기에 많은 부모가 독서보다는 학원을 더 알아보게 됩니다. 하지만 공부를 잘하는 가장 확실한 방법은 충분한 독서 시간을 확보하는 것입니다. 초등 3~4학년에는 아이의 뇌가 '읽는 데 익숙해지는 경험'을 충분히 쌓을 수 있도록 도와주세요. 읽기가 힘들고 지루한 일이 아니라 궁금증을 해결하고 마음을 다독이며 인지적·정서적 갈증을 채워주는 '오아시스' 같은 활동이라는 사실을 이 시기에 깨닫는 것이 무엇보다 중요합니다. 또한 이 시기에는 자신과 비슷한 상황이나 감정을 다룬 책에 특히 잘 몰입합니다. 공감할 수 있는 주제의 책을 만났을 때, 아이는 놀라울 만큼 깊이 빠져들어 읽기 시작합니다.

사실 초등 중학년은 독서의 두 번째 고비이기도 합니다. 이 시기를 어떻게 보내느냐에 따라 이후 학습 능력의 격차가 크게 벌어집니다. 이때 다양한 분야의 책을 읽으며 배경지식과 어휘력을 폭넓게 쌓는 것은 고학년과 중등 학습을 위한 필수 준비입니다. 사회·과학·문화·역사 등 여러 영역의 책을 고루 접하게 해주되 너무 전문적이거나 글밥이 지나치게 많은 책보다 삽화가 적절히 포함된 책부터 시작하는 것이 좋습니다. 반대로 너무 얇고 쉬운 책만 반복하면 독서 지구력이 자라기 어렵습니다. 분량은 서서히 늘려가는 방식이 효과적입니다.

3~4학년에게는 '최고를 찾아라' 놀이를 추천합니다. 단순히 이야기를 이해하는 단계를 넘어 인물의 행동과 선택을 근거로 자신의 판단을 만들어가야 하기 때문입니다. 최고를 뽑는 활동은 자연스럽게 비교·분석·설명의 사고 과정을 끌어낼 수 있습니다.

방법은 간단합니다. 이야기 속 인물 중 한 명을 '가장 ○○한 인물'로 정하게 한 뒤, 왜 그렇게 생각했는지 말해보게 하세요. 이때 중요한 점은 느낌이나 호감이 아니라 인물의 행동을 근거로 설명하도록 유도하는 것입니다.

예를 들어 "A는 착한 인물이에요"에서 끝나는 것이 아니라, "위험한 상황에서도 친구를 도와줬어요", "끝끼지 포기하지 않고 문제를 해결했어요"처럼 구체적인 장면을 떠올려 말하게 합니다. 이 과정에서 아이는 인물의 행동을 다시 짚고, 그 행동이 이야기 전체에서 어떤 의미인지를 스스로 생각하게 됩니다.

최고를 찾아라 활동지 예시

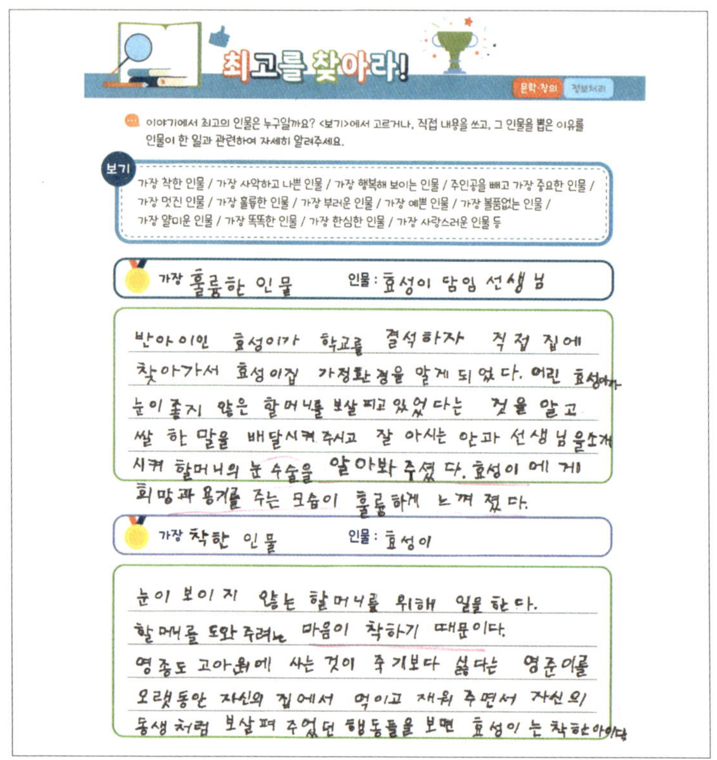

읽고 → 생각하고 → 판단하는 힘을 키우는 것. 바로 초등 중학년 독서의 핵심입니다. 이 힘이 이후 모든 학습의 바탕이 됩니다. 또한 이 활동은 단순한 줄거리 요약보다 훨씬 강력한 이해 점검 도구가 됩니다. 인물의 행동을 근거로 이유를 설명할 수 있다면 이야기를 제대로 이해하고 있다는 뜻이기 때문입니다. 여기에 "다른 인물을 뽑아도 괜찮을까?"라는 질문을 더하면 관점 비교까지 자연스럽게 확장할 수 있습니다.

표현 방식은 말이나 글 중 편한 쪽을 선택하면 됩니다. 말로 충분히 설명한 뒤 핵심 문장 한 줄만 적어도 괜찮습니다. 중요한 것은 정답을 맞히는 것이 아니라 자기 판단에 근거를 붙이는 연습입니다.

하나 더 추천하고 싶은 활동은 '탐구 보고서 작성하기'입니다. 오늘 읽은 책에서 주인공 한 명을 정해 그 인물을 관찰하고 정리해 보는 활동이지요. 초등 3~4학년에게 특히 효과적인 이유는 이야기 감상에 그치지 않고 정보를 구조화하는 연습으로 이어지기 때문입니다.

탐구 대상은 책 속 주인공입니다. 아이에게 아래 항목을 하나씩 정리하게 하세요. '인물 미니 보고서'를 만든다는 느낌으로 접근하면 아이들도 부담 없이 참여할 수 있습니다.

- 주인공의 이름

- 겉모습이나 생김새

- 성격과 특징

- 이야기 속에서 한 행동

- 책을 통해 새롭게 알게 된 점

이 활동의 핵심은 책에 근거해 설명하는 것입니다. "이 주인공은 용감해요"에서 끝나는 것이 아니라, "위험한 상황에서도 ○○을 했기 때문에 용감하다고 생각해요"처럼 이야기 속 장면을 근거로 말하도록 지도하세요. 이 과정에서 근거 찾기, 정보 정리, 문장화 연습이 동시에 이루어집니다.

이 활동 역시 표현 방식은 자유롭게 열어두세요. 항목별로 짧게 적어도 좋고 표처럼 정리해도 괜찮습니다. 핵심은 조사하듯 읽고 정리하듯 생각해 보는 경험입니다.

특히 이 활동은 중학년 독서를 이야기 독서에서 학습 독서로 넘어갈 수 있도록 돕습니다. 이 경험을 통해 이후 교과서나 설명문을 읽을 때도 "이건 누구에 대한 이야기지?", "핵심 정보는 뭐지?"를 스스로 찾을 수 있게 됩니다.

초등 3~4학년은 재미와 이해를 넘어 읽은 정보를 스스로 다룰 수 있는 힘을 기르는 시기입니다. 가장 중요한 원칙은 하나입니다. 아이가 직접 책을 고르게 하는 것입니다. 아이와 함께 서점에 가서 표지를 보고 제목을 읽으며 책을 고르는 경험 자체가 이미 독서의 일부입니다. 다만 이 시기의 아이들은 학습 만화에 시선이 쏠리기 쉽기 때문에 완전히 자유롭게 맡기기보다는 선택의 범위만 정해주는 것이 좋습니다. "오늘은 어린

탐구 보고서 작성하기 활동지 예시

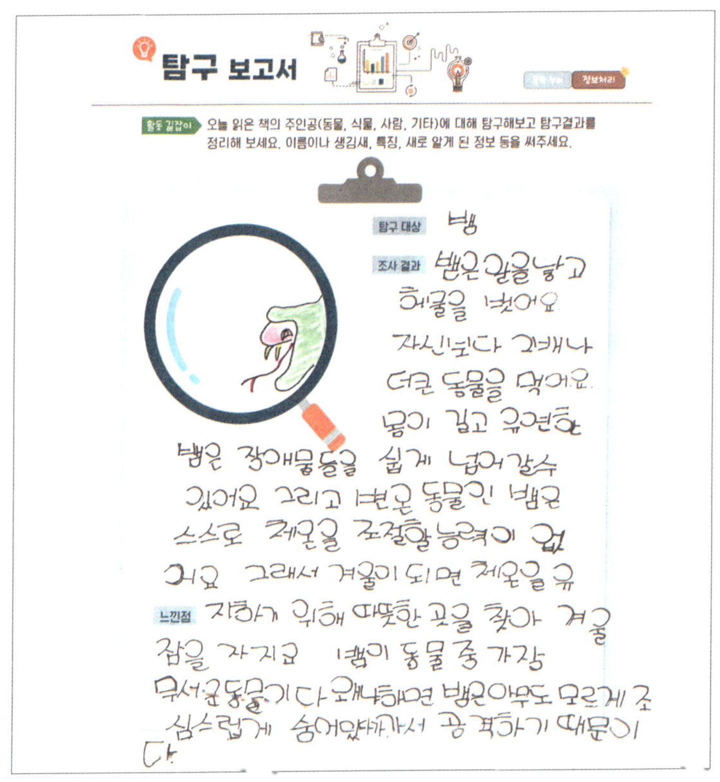

이 과학 도서와 인물전에서 한 권씩 골라볼까?", "다음에는 창작동화랑 역사책 중에서 골라보자"처럼 두 가지 정도의 선택지를 제시해 주세요. 이런 방식은 아이에게 양서를 고르는 감각을 길러줄 뿐 아니라 스스로 선택한 책에 대한 책임감과 애착을 만들어줍니다. '시켜서 읽는 책'이 아니라 '내가 고른 책'이 되는 순간, 아이의 집중도는 눈에 띄게 달라집니다.

마지막으로 아이의 독서 수준을 점검하는 과정도 매우 중요합니다. 수준보다 지나치게 쉬운 책은 문해력 발달에 도움이 되지 않습니다. 또한 아이가 금세 지루하게 느낄 가능성이 있습니다. 반대로 너무 어려운 책은 독서 자체를 포기하게 할 수 있습니다. 부모가 판단하기 어렵다면 독서 학원이나 전문 기관의 진단을 참고하는 것도 좋은 방법입니다. 이 시기의 독서는 많이 읽는 것보다 자기 수준에 맞는 책을 제대로 읽는 경험을 쌓는 데 집중해야 합니다. 이 균형을 잘 잡아주는 것이 초등 중학년 독서의 핵심입니다.

사고를 확장하는 초등 5~6학년

초등 고학년은 중학년보다 한 단계 높은 학습이 시작되고 중등 교육으로 자연스럽게 이어지는 시기입니다. 이때부터는 추상어와 개념어가 늘어나기 때문에 아이의 어휘 수준보다 레벨이 높은 책을 조금씩 늘려줄 필요가 있습니다.

하지만 이 시기에도 독서에서 가장 중요한 원칙은 변하지 않습니다. 바로 '자발적 동기'입니다. 부모가 책을 정해주기보다 중학년부터 이어온 '스스로 책 고르기'를 계속 유지하는 것이 좋습니다. 학업 때문에 서점에 갈 시간이 없다면 고학년 추천 도서 목록을 제시하고 그 안에서 고르게 하는 방식도 효과적입니다. 선택권이 아이에게 있다는 느낌이 독서 지속력의 핵심이기 때문입니다.

이 시기에는 읽은 책을 챕터별로 간단히 요약해 보는 활동을 추천합니다. 요약 활동에서는 자연스럽게 '주제 파악, 핵심 아이디어 정리, 질문 만들기'가 함께 이루어집니다. 이 과정에서 추론력과 비판적 사고력이 자라고 책을 읽다 생긴 궁금증을 해결하기 위해 다른 책을 찾아보는 긍정적인 독서 확장도 일어납니다. 물론 요약은 더 어린 학년에서도 가능하지만 독서의 재미가 아직 자리 잡지 않은 아이에게 무리하게 요약이나 글쓰기를 요구하면 '책=귀찮은 일'로 여기게 됩니다. 고학년처럼 책의 필요성과 가치를 어느 정도 이해한 시기부터 시작해도 늦지 않습니다.

동의를 구한 뒤 아이가 작성한 글을 읽고 담백한 칭찬과 짧은 의견을 나누는 것도 좋습니다. 이는 사춘기에 접어든 아이에게 '생각을 존중받고 있다'라는 경험을 안겨주고 자발적 독서로 이어지는 선순환을 만듭니다.

책나무에서 이 시기에 추천하는 활동은 '독서 고민 상담소'입니다. 고학년 아이들은 인물의 선택과 갈등, 마음의 변화에 큰 관심을 보이기 시작합니다. 책을 읽은 뒤 다음과 같이 질문해 보세요.

"이 주인공이 우리 상담소에 찾아왔다면 어떤 고민을 털어놨을까?"

아이는 자연스럽게 인물의 입장에서 상황을 정리하고, 감정과 이유를 설명할 수 있습니다.

이 활동의 핵심은 정답을 찾는 것이 아니라 자신의 생각을 말하는 것입니다. 아이가 상담가가 되어 "나라면 이렇게 말해 줄 것 같아", "이 선택도 괜찮을 것 같아"처럼 판단한 내용을 말하게 해주세요. 이 과정에서 아이는 내용 요약, 추론, 의견 제시를 연습하며 책 속 이야기를 '내 생각'으로 소화하게 됩니다.

이렇게 쌓인 기록은 독서 노트이자 아이의 생각 아카이브

가 됩니다. 무엇보다 아이는 책을 읽는 시간이 시험 대비가 아
니라 부모에게 자기 생각을 존중받는 시간이라고 느낍니다.

독서 고민 상담소 활동지 예시

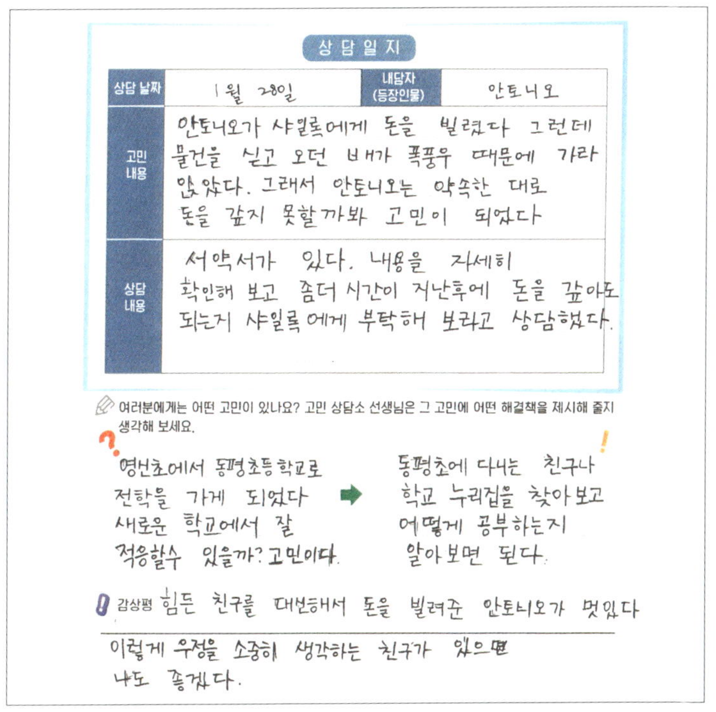

또 하나의 추천 활동은 '나의 생각 나무 그리기'입니다. 고
학년은 단순히 내용을 이해하는 단계를 넘어 읽은 정보를 구조
화하고 자신의 생각으로 재구성할 줄 알아야 합니다. 이 활동

은 책의 내용을 흩어진 정보가 아니라 하나의 구조로 정리하도록 도와줍니다.

- 무엇에 대한 이야기인가?
- 왜 중요한가?
- 그래서 나는 어떻게 생각하는가?

이 흐름을 시각적으로 정리하다 보면 자연스럽게 중등 시기에 필요한 요약 능력, 핵심 파악 능력, 의견 정리 능력의 기초가 형성됩니다. 간단한 도식으로 표현해도 충분하고 글 중심으로 정리해도 괜찮습니다. 중요한 것은 형식이 아니라 아이의 사고 과정입니다. 글을 잘 썼는지와 그림을 예쁘게 그렸는지는 중요하지 않습니다. '한 문장으로 주제를 정확히 잡았는가', '자신의 생각이 책의 내용과 어떻게 연결되는가'가 핵심입니다.

생각 나무 그리기 활동은 독후감처럼 정해진 틀을 요구하지 않으면서도 아이에게는 논리적으로 생각을 정리하는 훈련이 됩니다. 그래서 글쓰기를 싫어하는 고학년 아이에게도 부담 없이 적용할 수 있습니다.

이런 활동을 통해 아이에게 독서는 숙제가 아니라 내 생각과 고민을 안전하게 꺼내놓을 수 있는 공간이 됩니다. 읽고, 생

나의 생각 나무 그리기 활동지 예시

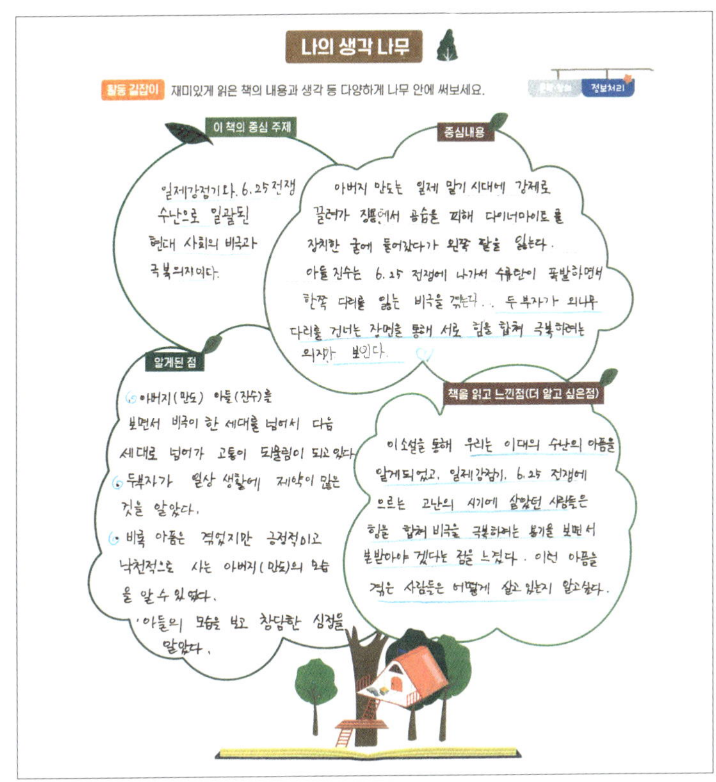

각하고, 말하고, 스스로 의미를 찾는 독서의 흐름이 중등 학습
으로 자연스럽게 이어지도록 도와주세요.

📖 입시와 직결되는 중·고등 시기

중·고등 시기의 독서는 어떻게 달라져야 할까요? 이 시기는 아이가 '성인 문식성'을 완성해 가는 단계이자 동시에 '입시'라는 현실적인 과제와 정면으로 마주하는 시기입니다. 여기서 말하는 성인 문식성이란 단순히 글을 읽고 내용을 이해하는 수준을 넘어 복잡한 텍스트를 분석하고 정보를 비판적으로 해석하며 자신의 생각을 논리적으로 표현할 수 있는 능력을 의미합니다. 다시 말해, 학교 시험과 사회생활 모두에 필요한 '완성형 읽기 능력'입니다. 따라서 이 시기의 독서는 초등 시기처럼 폭넓게 읽는 단계에서 벗어나 선택과 집중이 필요한 단계로 전환되어야 합니다.

하지만 현실은 그리 이상적이지 않습니다. 2017년 국민독서실태조사에 따르면 중학생이 가장 많이 읽는 책은 '웹소설'이었고, 2023년 국민독서실태조사에서는 10대의 '매일 독서' 비율이 22.4%에서 11.6%로 감소했다고 전했습니다. 이는 부모의 통제에서 점점 벗어나 스마트폰 사용이 늘고, 책 선택이나 읽는 시간 역시 철저히 본인 중심으로 이루어지기 때문입니다. 여기에 사춘기 특유의 정서가 더해지면서 흥미 위주의 웹소설이나 유튜브 쇼츠 시청에 집중되는 현상이 나타납니다.

문제는 초등 시기와는 비교할 수 없을 만큼 학습 환경이 달라진다는 점입니다. 지필평가·수행평가가 본격적으로 이루어지고 국어 교과의 독서 파트는 고난도의 분석을 요구합니다. 게다가 고등학생이 되면 수능 모의고사까지 더해지며 텍스트의 길이와 난도, 사고 수준이 급격히 높아집니다. 그래서 이 시기 아이들에게는 높은 수준의 문해력이 요구되지만 현실에서는 다른 교과 학습에 밀려 독서 시간이 크게 줄어드는 딜레마를 겪게 됩니다.

그렇다면 어떻게 해야 아이를 '읽는 청소년'으로 이끌 수 있을까요? 청소년기의 가장 큰 특징은 관심사의 양극화입니다. 자신이 좋아하는 분야에는 깊게 파고들지만 흥미가 없는 영역에는 거의 관심을 두지 않습니다. 아이돌, 게임, 웹툰, 특정 작품의 마니아가 되는 시기가 바로 이때지요.

따라서 아이의 관심사가 무엇인지 파악하고 그와 연결되는 책을 제안하는 것이 중요합니다. 아이가 좋아하는 주제의 책을 선물하거나 부모도 함께 읽고 의견을 나누며 관심을 책으로 확장시켜 주세요. 또래의 영향력이 절대적으로 큰 시기이기 때문에 청소년 베스트셀러를 중심으로 책을 권하는 것도 효과적입니다. 중요한 것은 아이가 '책'이라는 친구의 손을 완전히 놓지 않도록 곁에서 붙잡아주는 일입니다.

이 시기에는 지나치게 무겁지 않고 분량도 부담스럽지 않은 YA 소설(청소년이 주인공으로 등장하는 문학 작품)이 좋습니다. 이야기를 따라가다 보면 사건의 재미를 느끼고, 또래에 대한 공감이 생겨 자발적 독서로 이어집니다.

많은 부모님이 "수능을 생각하면 비문학이나 고전 소설도 읽어야 하지 않나요?"라고 걱정합니다. 맞는 말입니다. 그래서 그 이전에 다양한 장르의 독서 경험이 중요합니다. 이 경험이 실력을 발휘하는 순간이 바로 수능이거든요. 수능이라는 전쟁 앞에 우리는 똑똑한 독서 전략을 사용해야 합니다. 수능의 텍스트 지문은 1000~1800자 사이의 정보가 압축되어 있는 글입니다. 주어진 시간 내에 빠르게 읽으면서 이해의 정확성을 높이기 위해서는 구조를 이해하고 생략되어 있는 글을 유추하며 읽는 '추론 읽기'가 필요합니다. 초등 시기부터 꾸준히 180~250쪽 분량의 책을 읽어 온 아이는 이 추론 읽기 과정을 수월하게 넘어갈 수 있습니다.

고등학교에 진학한 아이들이 국어뿐 아니라 영어, 사회, 과학 과목까지 전부 어렵게 느끼는 이유는 고등학교에서 다루는 내용의 난도가 급격하게 올라가서가 아니라 '평가 방식'이 변했기 때문입니다. 다시 말해 과목별 평가 방식이 '내용 확인' 중심에서 '읽기 능력 확인' 중심으로 바뀌었다는 의미입니다.

지금 입시에서 가장 중요한 평가 기준은 '읽기 능력'이라고 해도 과언이 아닙니다. 결국 '제대로' 읽지 않으면 좋은 성적을 기대하기가 어렵습니다.

독서 습관은 결코 하루아침에 만들어지지 않습니다. 어휘력이 폭발하는 영·유아기부터 초등 저·중·고학년, 그리고 청소년기에 이르기까지 한 겹, 한 겹 쌓아 올리는 크레이프 케이크와도 같습니다. 책과 한 번이라도 깊게 친해진 아이는 잠시 멀어질 수는 있어도 완전히 떠나지는 않습니다. 결국은 다시 돌아옵니다. 아이가 언제든 책으로 돌아올 수 있도록 도와주는 것이 부모가 해줄 수 있는 가장 중요한 역할입니다.

3 스마트폰을 찾는 아이, 접근을 바꿔라

학부모님들과 독서 상담을 마치고 나면 매번 이런 부탁을 듣습니다.

"선생님, 우리 ○○이가 스마트폰 좀 못 만지게 해주세요."

우리나라처럼 스마트폰 보급률이 높은 나라일수록 고민은 더 커질 수밖에 없습니다. 아이가 어릴 때는 그나마 상황이 낫습니다. 부모의 말도 어느 정도 듣고 체험학습이나 재밌는 놀이도 많으니까요. 하지만 중학생이 되는 순간 상황은 완전히 달라집니다. 부모의 통제에서 벗어나고 또래 문화에서 SNS가 차지하는 비중이 커지면서 부모와 자녀 사이에 '전쟁'이라 불러도 과하지 않은 갈등이 벌어집니다.

아침에 눈을 뜨자마자 스마트폰을 집어 들고, 밥을 먹으면서도, 버스를 기다리면서도, 친구와 밥을 먹을 때조차 스마트폰을 들여다봅니다. 심지어 TV와 동시에 스마트폰을 보는 모습은 이제 너무 익숙한 풍경이 되었습니다.

얼마 전, 카페에서 교복을 입은 여중생 네 명이 한 테이블에 앉아 있는 모습을 보았습니다. 그런데 대화는 거의 하지 않고 각자 자기 스마트폰만 보고 있더군요. 중학생 시절 친구들과 분식집에 앉아 접시가 깨질 만큼 수다를 떨고, 낙엽 굴러가는 모습만 봐도 깔깔 웃었던 저로서는 요즘 아이들의 문화가 꽤 낯설게 느껴졌습니다.

그래서 요즘 아이들을 두고 '포노 사피엔스'라고 부르기도 합니다. 2015년 영국 경제 주간지 《이코노미스트》에서 처음 등장한 용어로 '스마트폰'과 '호모 사피엔스'의 합성어입니다. 스마트폰을 신체의 일부처럼 사용하는 세대를 뜻하지요. Z세대와 알파 세대가 여기에 해당한다고 볼 수 있습니다.

사실 어른들도 크게 다르지 않습니다. 저 역시 하루에 몇 시간이나 스마트폰을 사용하는지 헤아리기 어려울 만큼 자주 들여다봅니다. 글을 쓰는 지금 이 순간에도 제 옆에는 스마트폰이 놓여 있습니다. 자료를 찾을 때도, 음악을 틀 때도 없어서는 안 될 존재가 되었죠.

가장 큰 문제는 읽고 있는 책이 조금 어렵게 느껴질 때, 깊이 생각해야 할 지점에 도달했을때조차 자연스럽게 스마트폰을 집어 든다는 사실입니다. 뇌는 복잡한 사고를 요구하는 독서보다 즉각적인 자극과 쉬운 답을 주는 스마트폰을 선택하도록 유혹합니다. 그렇게 한번 손에 쥐면 문제 해결은 멀어지고 시간은 순식간에 사라집니다. 그리고 나중에야 후회하지요.

그래서 저는 밤 11시에 알람이 울리도록 설정해 두었습니다. "지금이라도 스마트폰을 내려놓고 책을 읽어라"라는 의미로 스스로에게 보내는 경고장입니다. 그때라도 스마트폰을 내려놓으면 저는 그날을 '성공한 하루'로 칩니다.

사실 요즘 아이들이 "스마트폰 없이는 못 살겠다"라고 말하는 것도 이해가 됩니다. 책 읽기를 직업으로 삼고 있는 저조차 매일 스마트폰과 싸우고 있는데 태어날 때부터 스마트폰이 눈에 보였던 아이들은 오죽할까요. 우리가 어릴 때는 필요한 정보를 책이나 사전에서 찾아야 했지만 지금 아이들에게는 스마트폰 검색이 훨씬 쉽고 당연한 방식입니다. 소통 역시 메신저와 DM, 게임, 브이로그를 통해 이루어집니다. 스마트폰은 떼려야 뗄 수 없는 아이들의 일상이 되었습니다.

이런 아이들에게 스마트폰의 단점을 설교한들 크게 와닿을
리 없습니다. 그렇다고 마냥 손놓고 있을 수도 없습니다. 스마
트폰이 제공하는 정보 소비 방식이 아이들의 사고력과 집중력
에 부정적인 영향을 미친다는 사실은 분명하기 때문입니다. 특
히 짧은 영상, 이른바 '릴스'나 '쇼츠' 등은 강한 자극에만 반응
하도록 뇌를 훈련시킵니다.

같은 이유로 실리콘밸리에서 첨단 기술을 이끄는 사람들조
차 자기 자녀에게만큼은 디지털 기기 사용을 제한합니다. 애플
의 창업자 스티브 잡스 역시 인터뷰에서 집에서는 IT 기기 사
용을 엄격히 제한한다고 밝힌 바 있습니다. 이처럼 사용할 때를
스스로 정하고, 그 규칙을 지키는 것이 디지털 기기를 주체적으
로 사용하는 첫걸음입니다.

아이들의 스마트폰 사용에서 가장 큰 문제는 영상 시청량
의 폭발적 증가입니다. 예전에 한 방송국에서 책나무를 취재하
러 왔을 때 일입니다. 연출자가 제게 이렇게 물었습니다.

"이 장면이 정말 가능한가요? 이렇게 어린아이들이 가만
히 앉아 책을 읽고, 카메라도 신경 쓰지 않다니요."

그리고 연출자는 이런 말을 덧붙였습니다.

"요즘 영상 제작에 가장 중요한 건 시청 시간을 늘리는 겁니다. 생각할 거리를 던지면 시청자들은 바로 채널을 돌려버려요. 그래서 계속 자극을 줘야 합니다."

그 말을 듣는 순간, 저는 확신하게 되었습니다. 영상을 많이 볼수록 아이들은 생각할 기회를 잃는다는 사실을요. 자극에 익숙해진 뇌는 가만히 앉아 글자를 따라가고 의미를 곱씹는 일, 즉 독서를 '고통'으로 인식합니다.

요즘 아이들을 '영상 세대'라고 부르는 이유도 여기에 있습니다. 실제로 유튜브 영상의 러닝타임은 점점 짧아지고 있고 이제는 30초짜리 영상조차 끝까지 보지 못하는 사람도 늘어나고 있습니다. 이런 환경에서 글자가 가득한 책을 읽고 이해하길 기대하는 건 아이들에게 지나친 요구일지도 모릅니다. 이쯤 되면 스마트폰 문제를 개인의 의지 문제로만 볼 수는 없습니다. 이제 우리는 인정해야 합니다. 스마트폰 없는 삶은 불가능하다는 사실을요. 그리고 질문의 주제를 바꿔야 합니다. "어떻게 스마트폰을 없앨 것인가?"가 아니라 "스마트폰을 어떻게 관리하며 함께 사용할 것인가?"로요.

빌딩 한 채를 물려주는 것보다 책을 읽고 생각하는 힘을 길러주는 것이 더 중요한 시대가 되었습니다. 스마트폰과 독서 사이에서 아이의 뇌가 향할 방향을 부모가 리드해야 할 때입니다. 아이의 문해력은 결국 부모가 직접 지켜야 할 영역이니까요.

사례 1 **독서 중 스마트폰 게임, 메신저 등을 자주 하는 경우**

- 스마트폰을 보지 않고 읽을 책 분량을 아이 스스로 정하도록 해보세요.

- 약속한 분량을 읽을 때는 스마트폰을 부모에게 맡기게 하세요.

- 선생님 역할극을 하며 아이(선생님)가 읽은 부분을 부모(학생)에게 가르치는 시간을 가지세요.

- 약속을 지켰으면 정해진 시간 동안 스마트폰을 쓸 때는 잔소리를 하지 마세요.

🗨 대화 예시

- "우리 ○○이가 스마트폰을 보지 않고 어디까지 볼 수 있을지 궁금한데? 스스로 한번 정해볼까?"

- "○○이가 책 읽을 때 더욱 집중할 수 있도록 스마트폰은 잠시 충전기에 꽂아두자."

- "오, ○○아, 이 책이 엄마(아빠)는 어려워 보이는데 벌써 다 읽은 거야? 어떤 내용이었어?"

- ◆ "우리 OO이가 책 내용을 정말 조리 있게 잘 설명하는구나."

- ◆ "OO이가 약속한 시간 동안 스스로 정한 분량까지 책을 다 읽었으니 이제 스마트폰으로 놀아도 되는데, 다만 약속한 사용 시간은 지켜야 해!"

사례 2 책을 읽다가 모르는 내용을 스마트폰으로 찾는 경우

- 책을 읽다가 모르는 것이 낱말인지, 정보인지 먼저 파악하세요.

- 아이가 낱말을 몰라 자주 스마트폰 사전을 찾으면 책의 어휘 수준이 살짝 낮은 책으로 읽게 해주세요.

- 아이와 함께 책을 읽으며 모르는 낱말을 앞뒤 문맥을 통해 추론해 보도록 도와주세요.

- 한 챕터를 다 읽은 후 모르는 지식이나 낱말을 찾아 정리하도록 지도해 주세요.

- 스마트폰을 특정 장소에 넣어두고, 책에만 몰입하는 즐거움을 알도록 그 시간을 점차 늘려가세요.

🗨 대화 예시

- ◆ "OO아, 지금 책을 읽다가 스마트폰으로 무엇인가를 찾던데 혹시 모르는 낱말 뜻이 있니? 엄마(아빠)가 도와줄게."

- ◆ "OO아, 이 책보다 저 책이 OO이가 아는 낱말이 더 많은 것 같아. 읽으며 확인해 볼까?"

- ◆ "OO아, 여기까지는 쭉 읽은 후 모르는 낱말을 정리해 써보자."

- ◆ "스마트폰은 잠깐 여기에 두고 책만 보는 시간을 갖자. 오늘은 딱 10분 동안 책만 보고 내일은 15분 도전! 어때? 할 수 있지?"

사례 3   책을 대충 읽고 스마트폰을 더 오래 잡고 있는 경우

- 스마트폰 사용 시간이 독서 시간보다 더 길었다는 사실을 알려주세요.

- 읽은 책의 전체적인 내용이 무엇인지 질문하세요.

- 아이가 잘 대답하지 못하더라도 야단치지 말고 다시 읽어보자고 권하세요.

- 질문한 부분의 답을 책에서 찾아오면 많이 칭찬해 주세요.

- 한 번에 많은 분량을 읽는 것보다 꼼꼼하게 읽는 것이 중요하다는 점을 알려주세요.

- 아이가 관심 있는 분야의 책을 읽은 후 스피드 퀴즈 등으로 긍정적인 독서 동기를 갖도록 도와주세요.

- "책을 참 빨리 읽었네. 방금 읽은 책을 엄마(아빠)에게 소개해 줄 수 있을까?"

- "아, ○○이가 이 부분은 기억이 잘 안 나? 당연히 그럴 수 있어. 엄마(아빠)도 처음 본 책은 생각이 안 나는걸. 천천히 다시 읽어보면 돼."

- "아, ○○이가 엄마(아빠)가 알고 싶었던 부분을 책에서 바로 찾아주었네. 정말 고마워. 훌륭하다!"

- "오늘은 이 부분까지만 읽고 엄마(아빠)가 내는 퀴즈 맞혀볼래? 내일은 서로 역할을 바꿔서 해보자"

4 책 읽는 부모의 모습은 사교육보다 강력하다

얼마 전 기차를 타고 이동하던 중에 독서등을 켜고 두 시간 가까이 책을 읽고 있는 한 청년이 눈에 들어왔습니다. 요즘에는 좀처럼 보기 드문 풍경이어서 마음이 뭉클해졌습니다. 대부분의 승객이 잠을 자거나 스마트폰을 보고 있는데, 오랜 시간 책에 몰입해 있는 모습을 보니 문득 이런 생각이 들었습니다.

"우리는 어느새, 읽는 어른도 읽는 아이만큼 귀한 시대에 살고 있구나"

독서 환경을 만드는 일은 결코 쉽지 않습니다. 가정, 학교, 사회라는 세 축이 함께 움직여야 가능한 일이기 때문입니다. 하지만 손쉽게 포기할 수도 없습니다. 독서는 아이의 사고력과 표현력은 물론, 삶을 대하는 태도와 방향까지 좌우하는 중요한 기반이기 때문입니다.

먼저 아이들이 하루 중 가장 많은 시간을 보내는 학교의 독서 환경을 떠올려 볼까요? 우리나라 학교의 독서 환경은 사실 꽤 잘 갖추어진 편입니다. 규모의 차이는 있지만 대부분 도서관을 운영하고 있으며 학급마다 학급문고도 마련되어 있습니다. 아침 독서 시간을 운영하는 학교도 있고, 정기적으로 독후 활동을 진행하는 곳도 많지요. 책과 가까워질 수 있는 장치들은 이미 충분히 갖춰져 있습니다.

아쉬운 점이 있다면 수업 중에 책을 적극 활용하는 경우가 많지 않다는 것입니다. 예를 들어 한국사 수업에서 교과서와 함께 관련 도서를 펼쳐보고, 수학 시간에 수학사 속 인물의 이야기를 통해 개념을 이해하며, 철학서를 읽고 토론한 뒤 자기 생각을 글로 정리하는 활동이 일상이 된다면 어떨까요. 그런 환경에서라면 아이들은 학교에서도 충분히 독서 습관을 만들어갈 수 있겠지요.

사회적 독서 환경을 떠올리면 보통 도서관이 먼저 생각납니다. 우리나라의 공공도서관 시스템은 비교적 잘 구축되어 있고 상호대차 서비스 덕분에 가까운 도서관에 없는 책도 쉽게 빌릴 수 있습니다. 일부 지하철 역사에 조성된 독서 공간이나 많은 사람의 발길을 멈추게 하는 코엑스 별마당 도서관 등은 공간 하나하나가 사회 전체의 독서 문화를 얼마나 바꿀 수 있는지를 보여주는 상징적인 사례입니다.

하지만 학교와 사회에 아무리 잘 갖춰져 있어도 가장 직접적이고 지속적인 영향을 주는 곳은 가정입니다. 우리 집을 독서 친화적인 공간으로 만들고 싶다면 다음 두 가지 환경을 꼭 염두에 두어야 합니다.

① 물리적 환경 책을 편하게 읽을 수 있는 공간 만들기

거창할 필요는 없습니다. 한때 유행했던 '거실 서재화'도 좋지만 비용이나 구조 때문에 부담이 될 수 있습니다. 중요한 것은 크기가 아니라 메시지입니다. "이곳은 책을 읽는 공간이다"라는 신호를 주는 것이죠. 방 한쪽이어도 괜찮습니다. 책장하나, 독서등, 편안한 빈백이나 작은 소파 정도면 충분합니다. 이 작은 공간이 아이에게는 자연스럽게 책을 펼치게 만드는 힘을 발휘합니다.

② 시간 환경 독서를 생활 리듬 속에 넣기

공간을 만들었다면 다음은 시간입니다. 시간이 없으면 공간도 의미가 없어집니다. 독서가 생활로 자리 잡으려면 짧더라도 꾸준한 시간이 필요합니다. 아침 식사 전, 학교 가기 전, 잠들기 전의 짧은 시간도 충분합니다. 이 시간이 쌓이면 독서는 식사나 세수처럼 아이의 일상에 자연스럽게 스며듭니다.

특히 저는 아침 독서를 추천합니다. 저녁이나 밤은 부모나 아이가 피곤해지거나 일정이 밀리면 독서가 가장 먼저 밀려나기 쉽습니다. 반면 아침은 하루를 여는 고정된 리듬이 있어 독서를 습관으로 만들기에 훨씬 유리합니다.

그리고 이 모든 환경보다 더 강력한 것이 있습니다. 바로 부모의 책 읽는 모습입니다. 아이에게 "책 좀 읽어라"라고 말하는 것보다, 부모가 말없이 책을 펼치는 모습 한 번이 훨씬 큰 힘을 갖습니다. 아이는 부모의 삶을 그대로 따라 배우기 때문입니다. 사교육보다 강력한 독서 교육은 결국 부모에게서 시작됩니다.

🔖 아이의 마음을 닫게 만드는 다섯 가지 질문

독서 후 대화에서 가장 먼저 경계해야 할 것은 이른바 '시험관 모드'입니다.

"이 책 내용 다 이해했니?"
"주인공 이름이 뭐였지?"

이런 질문은 아이로 하여금 독서를 또 하나의 평가 시간처럼 느끼게 합니다. 독서는 시험이 아닙니다. 정답을 맞히는 시간이 아니라 느끼고 생각하는 시간이지요. 책의 내용을 확인하기보다 아이가 어떤 감정을 느꼈는지, 어떤 생각이 스쳤는지에 초점을 맞춰주세요.

두 번째로 조심해야 할 것은 부모의 잣대를 먼저 들이대는 질문입니다.

"이 캐릭터, 나쁜 행동한 거 아니야?"
"이 책은 결국 이런 교훈을 주려는 거지?"

이런 질문은 부모의 해석을 정답처럼 제시하며 아이의 사고를 틀 안에 가둡니다. 아이가 스스로 판단하고 느낄 수 있도록 여백을 남겨주세요. 독서는 정답을 배우는 시간이 아니라 생각을 키우는 시간이니까요.

세 번째는 "재미있었어?"와 같은 단답형 질문입니다. 이 질문에 돌아오는 대답은 대부분 "응" 혹은 "아니"입니다. 대화는 그대로 끝나버리죠.

"이 책에서 제일 기억에 남는 장면은 뭐야?"
"네가 주인공이었다면 어떻게 했을 것 같아?"

아이의 생각과 감정을 확장할 수 있는 열린 질문을 던져주세요. 아이의 말문이 트이는 순간, 독서는 대화의 매개체가 됩니다.

네 번째는 성급한 결론과 말 끊기입니다. 아이가 아직 생각을 정리 중인데, 다그치거나 재촉하는 말은 아이를 위축시킬 수 있습니다.

"그러니까 네 말은 이런 거지?"

말이 매끄럽지 않더라도 끝까지 기다려주세요. 생각이 완성되는 속도는 아이마다 다릅니다. 그 시간을 존중받는 경험이 쌓일수록 아이는 말하기와 생각하기에 자신감을 갖게 됩니다.

마지막으로, 가장 많이 저지르는 실수가 바로 '교훈 찾기'

를 강요하는 것입니다.

"그래서 이 책을 읽고 뭘 배웠어?"

모든 책에서 반드시 의미 있는 교훈을 끌어낼 필요는 없습니다. 때로는 그냥 재미있고, 상상하는 일이 즐겁고, 다른 세상을 잠시 다녀온 것만으로도 독서는 충분히 가치 있으니까요.

사실 우리 아이에게 가장 훌륭하고 섬세한 독서 선생님은 멀리 있지 않습니다. 바로 엄마와 아빠입니다. 부모만큼 아이를 잘 알고 아이에게 진심으로 관심을 기울일 사람도 없기 때문이지요. 앞에서도 언급했듯이 '엄마표 독서'는 의지에 비해 실패하기가 쉽습니다. 독서가 즐거움이 아니라 의무가 되어버리기 때문입니다.

아이에게 좋을 것 같은 책, 꼭 읽어야 할 것 같은 책 위주로 목록을 만들고 책 내용을 가르치려는 태도로 다가가면 아이는 금세 짜증을 내거나 책을 피하게 됩니다. 그러면 엄마의 속은 점점 부글부글 끓기 시작하죠.

"내가 너를 위해 얼마나 공을 들였는데……"

이 마음이 아이에게 표출되는 순간, 독서는 공부가 되고 하기 싫은 과제가 됩니다. 이런 경우라면 엄마표 독서는 오래가기 어렵습니다.

그렇다면 어떻게 지도해야 할까요? 방법은 간단합니다. 부모가 먼저 독서를 즐기는 것입니다. 아이를 위한 책이 아니라 엄마와 아빠가 스스로 읽고 싶은 책을 고르세요. 재미있어서 몰입하고, 읽는 시간이 일상이 되면 그것만으로도 이미 절반은 성공입니다.

아이는 그 모습을 지켜보다가 어느 순간 부모 옆으로 슬며시 다가옵니다. 처음에는 책이 아니라 간식을 들고 올 수도 있습니다. 괜찮습니다. 그저 곁에 머물 수 있게 하세요. 아이는 부모가 읽는 책을 힐끗 들여다볼 수도 있고, 말없이 옆에 앉아 있기만 할 수도 있습니다. 그때 부모는 아이를 의식하지 말고, 책에 담담히 집중하면 됩니다. 또는 식사 자리에서 배우자와 책에 대해 가볍게 이야기를 나누는 것도 좋습니다. 이런 장면들이 반복되면 아이에게 책 읽기는 특별한 이벤트가 아니라 일상이 됩니다.

가정이라는 따뜻한 울타리 안에서 형성되는 독서 문화의 힘은 생각보다 훨씬 강력합니다. 다만 반드시 기억해 주세요. 독서 일정을 강박적으로 관리하는 것은 금물입니다. 아직 미숙한 독자에게 가장 강력한 동기는 언제나 '즐거움'입니다. 만화책이나 명백히 부적절한 내용을 제외하고는 아이가 원하는 책을 스스로 고르고 읽도록 자율성을 키워주세요. 책을 선택하는 경험은 아이에게 자립심과 뿌듯함을 안겨주고 다음 책으로 이어지는 힘이 됩니다.

학교와 사회의 독서 환경을 당장 바꾸기는 어렵습니다. 하지만 가정의 독서 환경은 지금 이 순간부터 만들 수 있습니다. 아이가 책과 자연스럽게 가까워질 수 있도록 조금만 신경 써서 도와준다면 그보다 더 값진 투자는 없을 것입니다.

5 스스로 읽는 아이는 책 고르기에서 시작된다

"선생님, 우리 아이는 책을 안 읽으려고 해요."

제가 독서 교육 현장을 지켜본 지도 어느덧 20년이 되었는데요. 집에서 자발적으로 책 읽는 아이를 요즘처럼 찾기 어려웠던 적은 없었습니다.

사실 그 이유는 이미 모두가 알고 있습니다. 기술의 비약적인 발전과 함께 책을 압도하는 콘텐츠가 폭발적으로 늘어났기 때문입니다. 유튜브, 인스타그램, 틱톡 같은 플랫폼이 주는 즉각적인 쾌감은 문장을 따라가며 의미를 연결하고 생각을 확장해야 비로소 재미가 생기는 독서와는 비교 자체가 되지 않습니다. 이제 아이에게 책을 읽힌다는 것은 단순한 습관 형성이 아니라 쾌감을 안기는 '강력한 경쟁자'와 맞서는 일이 되어버렸습니다. 어른들에게도 10분짜리 영상이 길게 느껴지는 시대입니다. 아직 올바른 사고력과 자기조절 능력이 완성되지 않은 아이들에게 "왜 영상만 보니?"라고 묻는 일은 어쩌면 불공정한 요구일지도 모릅니다.

이런 시대일수록 더욱 요구되는 능력이 있습니다. 바로 생각하는 힘, 소통하는 힘, 그리고 정보를 연결하고 융합하는 힘입니다. 전 세계에서 다시 문해력을 강조하고 디지털 교과서를 종이책으로 되돌리려는 흐름이 나타나고 있습니다. 가장 빠르게 디지털 교과서를 도입했던 스웨덴은 2017년부터 2021년 사이 학생들의 문해력 점수가 하락하자 결국 종이 교과서로 회귀했습니다. 특히 영유아와 저학년층에게는 디지털 기기 사용을 최소화하고 전통적인 읽기·쓰기 방식을 다시 채택했습니다. AI를 포함한 어떤 기술보다도 기초 문해력이 훨씬 중요하다는 판단이 있었기 때문입니다.

이제는 챗지피티ChatGPT와 제미나이Gemini를 익숙하게 사용하는 시대가 되었습니다. 저 역시 업무 외 일상에서도 자주 활용합니다. 하지만 독서 교육과 관련된 질문을 던졌을 때 AI

의 답변을 살펴보면 그럴듯해 보이지만 깊이가 부족하다고 느낀 적이 많습니다. 여기서 중요한 것은 AI의 답이 부족하다는 사실보다 제가 그 부족함을 판단할 수 있다는 점입니다. 제가 AI보다 정보를 더 많이 알아서가 아니라 현장에서 쌓아온 경험과 기준이 있었기 때문입니다. 만약 이 분야에 대한 판단 기준이 없었다면, 저는 그 답변에 충분히 만족했을지도 모릅니다.

이러한 경험은 우리에게 중요한 메시지를 던집니다. 현대인들은 점점 AI가 제공하는 정보에 노출되고 있으며, 이제는 정보를 '아는 능력'보다 '판단하는 능력'이 더 중요해졌다는 것입니다. 그리고 그 판단력은 얕은 지식이 아니라 깊은 독서를 통해서만 길러집니다. 전달 매체가 파피루스에서 종이로, 종이에서 디지털로 바뀌었을 뿐, 사고와 지식의 축적은 언제나 텍스트를 통해 이루어져 왔다는 사실은 변하지 않았습니다. 그렇다면 AI 시대에 정보의 진위와 깊이를 변별하기 위해서는 우리 아이들이 어떤 책을 읽어야 할까요? 어떻게 해야 시야를 넓혀줄 책을 집어 들게 만들 수 있을까요?

부모의 마음에는 수만 가지 질문이 떠오르는데, 아이들이 책을 멀리하기만 하니 부모의 마음은 조급해집니다. 아이가 서점에서 학년별 추천 도서 대신 학습 만화나 가벼운 책을 골라도 "그래도 책이니까……" 하며 허락하게 됩니다. 책장을 넘기고 있다는 사실만으로도 무언가 배우고 있으리라는 안도감이 들기 때문입니다.

하지만 올바른 독서의 출발점은 언제나 '책 고르기'에 있습니다. 좋은 재료에서 좋은 요리가 나오듯 양질의 어휘와 문장, 구조와 주제를 담은 책을 만날 때 아이의 사고력은 깊어집니다. 그래서 아이에게 선택의 주도권은 주되, 선택의 기준은 부모가 어느 정도 마련해 줄 필요가 있습니다.

📖 좋은 책을 고르는 세 가지 방법

첫째, 아이의 어휘 수준에 맞는 책입니다. 너무 쉽지도, 어렵지도 않으면서 추론의 여지가 있는 책이어야 합니다.

둘째, 독서 목적에 맞고 문해력 발달에 도움이 되는 책입니다. 예를 들어 '나비'에 대해 알고 싶다면 정보, 삽화, 사진, 텍스트가 균형 있게 담긴 책이 적절합니다.

셋째, 문장과 챕터의 호흡이 일정한 책입니다. 특히 초등 3~4학년 이상부터는 지나치게 짧은 문장과 챕터로만 구성된 책은 피해야 합니다. 한 챕터 안에서 앞과 뒤를 연결하며 읽는 힘이 독해력 성장의 핵심이기 때문입니다.

이때 중요한 것은 학년별 추천 도서가 아닌 우리 아이의 문해력 수준이 기준이라는 점입니다. 부모 눈에는 훌륭해 보이는 책일지라도 우리 아이에게는 맞지 않을 수 있다는 사실을 인정하는 것부터가 독서 교육의 시작입니다.

책 고르기와 동시에 아이가 언제든 책을 접할 수 있는 환경을 만들어주는 일도 매우 중요합니다. 책과 함께하는 시간이 꾸준히 확보되고 그 시간이 쌓이면 아이는 스스로 좋은 책을 고르는 안목을 키워갑니다. 이 과정에서 가장 위험한 것은 부모의 불안함과 조급함입니다. 아이가 스스로 자립할 때까지 흔들리는 시간을 묵묵히 지켜봐 주세요. 부모는 앞에서 끌고 가는 사람이 아니라 뒤에서 밀어주는 조력자가 되어야 합니다.

결국 아이의 독서 습관은 '무엇을 읽느냐'보다 '어떻게 고르느냐'에서 시작됩니다. 자율성과 난이도, 흥미와 탐색, 그리고 코치형 부모의 역할이 균형을 이룰 때 아이는 자연스럽게 독서의 세계로 깊이 들어갑니다. 그리고 그 시작점은 언제나 아이의 선택을 존중하는 것입니다.

부모와 함께 책을 고르는 과정에서 아이가 얻는 가장 큰 수확은 '어떤 책이 나에게 도움이 되는 책인지'를 스스로 판단하는 안목이 자란다는 점입니다. 이런 경험이 많은 아이는 결국 누가 시키지 않아도 스스로 책을 고를 줄 아는, 진짜 독자로 성장하게 됩니다.

6 ___ 부모의 조급함이 읽기 독립을 망친다

"공부를 잘하면 네가 좋은 거지, 내가 좋은 거니?"
"수업 시간에는 선생님 눈만 똑바로 쳐다보고 있어라."

여성학자이자 가수 이적의 어머니로 잘 알려진 박혜란 선생님이 세 아들에게 늘 하던 말씀이라고 합니다. 공부는 결국 아이 스스로 해야 하는 일이라는 점, 그리고 배움의 기본은 집중이라는 사실을 일깨우는 말이지요. 세 아들을 모두 서울대에 보낸 비결을 묻는 질문에 박혜란 선생님은 "나는 아무것도 한 것이 없고, 아이들이 저절로 자랐다"고 답했습니다.

이 짧은 대답 안에는 부모로서의 깊은 철학과 오랜 실천이 담겨 있습니다. 『믿는 만큼 자라는 아이들』에 나오는 내용에 따르면, 박혜란 선생님은 39세에 여성학 공부를 시작하며 집에 커다란 책상 하나를 두고 매일 저녁 공부를 했다고 합니다. 세 아들도 자연스럽게 책상 앞으로 모여 숙제를 하거나 책을 읽었습니다. 누구도 시키지 않았지만 집 안에 형성된 안정적인 학습 분위기가 아이들을 스스로 탐구하는 아이로 자라게 한 것이지요. 이 장면 안에 "어떻게 하면 아이를 읽는 아이로 만들 수 있을까?"라는 질문의 중요한 힌트가 숨어 있습니다.

아이의 변화를 가장 빠르게 이끌어내는 방법은 의외로 간단합니다. 바로 칭찬입니다. 다만, 칭찬에도 방향이 필요합니다.

바로 '결과'가 아니라 '과정'을 칭찬하는 것입니다. "책 한 권을 다 읽다니 정말 잘했어"라는 말은 듣기엔 좋아 보입니다. 하지만 아이에게는 '끝까지 읽어야만 칭찬받는다'라는 부담이 될 수 있습니다. 그래서 독서가 습관으로 자리 잡기 전까지는 책을 펼치고 앉아 있는 그 자체를 인정해 주는, 조건 없는 칭찬이 훨씬 효과적입니다.

너무 뻔한 이야기처럼 느껴지나요? 그렇다면 잠시 멈춰 스스로에게 이렇게 물어보세요.

"아이가 책을 읽을 때 나는 얼마나 자주, 얼마나 꾸준히 칭찬해 줬을까?"

아이의 책 읽는 행동을 '당연한 일'로 여기고 있지는 않았나요? 반대로 책을 읽지 않을 때는 "책 좀 읽어!"라는 말부터 먼저 하지 않았는지 돌아볼 필요가 있습니다. 사실 우리는 이와 반대로 해야 했습니다. 아이가 자발적으로 책을 읽고 있을 때 짧고 담백하게 칭찬을 건네고, 읽지 않을 때는 아이가 스스로 책을 잡을 때까지 기다려주셔야 합니다.

지금까지 그렇게 하지 못했더라도 오늘부터 바꾸면 됩니다. 진심이 담긴 부모의 짧은 칭찬은 아이에게 맛있는 간식처럼 달콤한 보상이 됩니다. 그리고 그 보상을 다시 받고 싶어서 아이는 이전보다 훨씬 더 자주 책을 집어 들게 됩니다.

칭찬과 함께 활용하기 좋은 또 하나의 방법은 아이의 '관심사'입니다. 지금 우리 아이가 무엇에 빠져 있는지 알고 계신가요? 축구를 좋아한다면 축구 선수 이야기나 전술을 다룬 쉬운 책을, 공룡에 빠져 있다면 공룡 도감을, 게임을 좋아한다면 게임 제작이나 캐릭터 세계를 다룬 책을 마중물로 삼아보세요. 이때 고려해야 할 점은 두 가지입니다.

① 글밥이 많지 않고 어휘가 쉬운 책부터 시작할 것

② 분량에 욕심내지 말 것

일주일, 아니 한 달 동안 얇은 책 한 권을 끙끙대며 읽어도 괜찮습니다. 그 과정 자체를 충분히 칭찬해 주세요. 시간이 지나면 조금 더 두꺼운 책을 조심스럽게 건네보세요. 처음엔 망설일지 몰라도 끝까지 읽고 책을 덮는 순간 느끼는 성취감과 뿌듯함은 무엇과도 비교할 수 없을 만큼 강력하니까요. 두꺼운 책에 대한 두려움은 서서히 '나도 해낼 수 있다'라는 자신감으로 바뀝니다.

아이들은 책을 읽으며 궁금한 것이 생기거나 흥미로운 사실을 알게 되면 엄마, 아빠에게 질문하거나 자랑하고 싶어 합니다. 아이가 책에서 읽은 이야기를 꺼내놓는다면 그 부분을 크게 칭찬해 주세요. 아이에게 책은 더 이상 지루하고 어려운 대상이 아니라 나에게 도움이 되고 누군가에게 인정받게 해주는 즐거운 경험으로 기억될 것입니다.

✦✦✦ 책나무 독서 상담소 ✦✦✦

사례 1 읽는 것을 싫어해 한 장도 혼자 못 읽는 경우

- 독서 집중력을 높이려면 같은 책을 한 권 더 준비해 부모와 자녀가 각자의 책으로 같은 시간에 읽어주세요.

- 하루에 한 장씩, 혹은 한 챕터씩 부담되지 않는 양을 읽어주세요.

- 독서 후 짧고 담백하게 칭찬하며 내일 또 같이 읽자고 부드럽게 권유합니다.

- 읽은 내용에 대해 길지 않은 감상을 덧붙이는 것도 좋습니다.

💬 대화 예시

- "수고했어. 내일 또 같이 읽자."

- "독서하는 모습이 참 의젓하더라. "

- "엄마(아빠)는 주인공이 용이랑 싸운 부분이 재미있던데, ○○이는 그 부분이 어땠어?"

- 추천 도서 리스트를 참고하여 아이 학년보다 한 단계 낮은 학년의 책부터 권합니다.

- 어려운 어휘가 나와도 우선 읽은 후에 어떤 뜻으로 짐작했는지 묻고 아이가 답하도록 격려합니다.

- 만약 틀린 답을 말해도 아이가 생각하고 고민한 과정 자체를 칭찬해 주세요.

- 일상에서 아이가 예전에 몰랐던 단어를 활용하면 칭찬해 주세요.

- 부모도 당분간 그 어휘를 넣은 문장을 자주 사용하며 어떤 맥락에서 그 단어가 쓰이는지 자연스럽게 알려줍니다.

💬 대화 예시

- "엄마(아빠)가 옆에서 보니 술술 잘 읽더라. 어떤 내용인지 엄마도 궁금해지네."

- "그 단어를 그렇게 생각하고 읽었구나. 사전을 찾지 않고 혼자 힘으로 뜻을 생각해 보다니 정말 대견한걸."

 동영상이나 게임에 빠져 책에 관심이 없는 경우

- 축구, 공룡, 만들기 등 아이가 평소 좋아하고 관심 있는 분야의 쉬운 도서를 구입합니다.

- 아이가 관심 있는 분야의 책을 주고 관련된 질문을 하며 잘 모르는 부분을 알려달라고 부탁합니다.

- 책보다 길이가 짧은 관심사에 대한 언론 보도와 인터뷰 기사 등을 읽게 합니다.

💬 대화 예시

- ◆ "호날두는 어렸을 때부터 축구를 잘했어? 축구는 어디에서 배운 거야?"

- ◆ "아, 호날두가 그렇게 축구를 시작했구나. 우리 ○○이가 책 내용을 정리해 말해주니 엄마가 더 잘 알게 되었네."

- ◆ "○○이가 설명을 참 잘해주네. 그 기사를 쓴 사람은 호날두 박사인가 보다. 다른 기사에 또 어떤 이야기가 있니?"

4장

2단계 | 독서 정착기

책 읽기의 즐거움을 느낄 때
문해력의 뿌리가 자란다

독서 기초기가 글자를 익히고 읽는 재미를 알아가는 시작 단계였다면 지금부터는 아이가 스스로 책을 고르고 읽는 힘을 기르는 '독서 정착기'에 들어섭니다. 이 시기에는 독서량보다 부모의 태도와 집안의 분위기가 아이의 독서에 훨씬 큰 영향을 미칩니다. 부모의 말 한마디와 반응에 따라 아이는 책을 즐거운 동반자로 받아들이기도 하고, 부담스러운 과제로 느끼기도 합니다. 부모가 조급해하지 않고 결과보다 과정을 지켜봐 줄 때 아이는 책 앞에서 스스로 판단하고 선택하는 힘을 기를 수 있습니다. 반대로 다른 아이들과 비교하거나 읽은 내용을 점검하는 순간, 독서는 금세 멀어지기 마련입니다. 결국 어떤 마음으로 곁에 서느냐에 따라 아이의 독서는 잠깐 스쳐 가는 존재감이 없는 경험이 될 수도 있고, 평생 흔들리지 않는 힘이 될 수도 있다는 사실을 꼭 기억하세요.

☑ 독서 정착기를 준비하는 부모의 마음가짐 체크리스트

☐ **'이해'보다 '재미'가 우선이다.**
다시 읽고 싶어지는 경험이 독서 습관을 만듭니다.

☐ **아이의 선택을 존중하라.**
어떤 책이든 아이 스스로 고른 책은 몰입도가 다릅니다. 스스로 선택했다는 경험 자체가 독서의 자율성과 즐거움을 키웁니다.

☐ **책을 펼치기 전, 먼저 '표지 읽기'를 하라.**
제목, 그림, 저자 이름을 함께 보며 "어떤 이야기일까?"를 예상해 보는 짧은 시간이 아이의 기대감과 집중력을 끌어올립니다.

☐ **책을 '놀이'로 연결하라.**
역할극, 그림 그리기, 만들기, 요리하기 등 책 내용을 놀이로 이어가면 아이는 책을 글이 아니라 경험으로 기억하게 됩니다.

☐ **책장 환경이 곧 독서 환경이다.**
아이가 손만 뻗으면 닿는 곳곳에 책이 있어야 합니다. 아이 눈높이에 맞춰 쉽게 꺼내고 쉽게 펼칠 수 있는 구조가 자발적 독서를 부릅니다.

☐ **영상 노출을 줄이고 '이야기하는 시간'을 늘려라.**
언어 자극은 일방적인 듣기보다 주고받는 대화를 통해 가장 풍부하게 자랍니다.

☐ **책을 억지로 완독시키지 마라.**
아이의 집중이 끝났는데도 끝까지 읽게 하면 독서는 곧 '힘든 일'이 됩니다. 자연스러운 학습 리듬은 '집중력이 유지되는 동안만 읽고 멈추는 것'입니다.

☐ **책을 통해 세상을 배우게 하라.**
자연, 감정, 사회, 친구, 가족, 직업 등 다양한 주제를 담은 책을 통해 아이는 자기 세계 밖 세상을 간접 경험 하게 됩니다.

☐ **독서로 '생각하는 아이'를 키워라.**
독서의 궁극적인 목표는 '많이 읽기'가 아니라 '사고력과 공감력의 성장'입니다.

☐ **아이의 '느린 읽기'를 존중하라.**
아이가 책 읽기를 멈추고 생각에 잠길 때 기다려주세요. 느린 읽기는 상상력과 깊은 이해력을 키우는 가장 좋은 방법입니다.

1 ____ 같은 책도 아이마다 읽는 방식이 달라야 한다

우리는 각자 다른 이유로 책을 읽습니다. 좋아하는 작가의 신간이 나와서, 새로운 정보를 얻기 위해서, 때로는 단순히 시간을 보내기 위해서 책을 펼치기도 하지요. 이유가 다른 만큼 독서 방식도 상황에 따라 달라집니다. 저 역시 이동하거나 집중하기 어려운 환경에서는 가벼운 책을 고르고, 필요한 지식을 얻어야 할 때는 목적에 맞는 책을 선택합니다.

아이들도 마찬가지입니다. 독서의 목적과 방법은 책의 성격과 상황에 따라 끊임없이 달라져야 합니다. 그래서 지금부터는 '독서의 목적'이 어떻게 '독서 방법'으로 이어지는지, 그리고 부모가 아이에게 어떤 읽기 전략을 제안할 수 있는지를 차근차근 살펴보려 합니다.

독서의 핵심은 결국 '내용을 이해하는 것'입니다. 책을 읽을 때 무엇에 중점을 두느냐에 따라 독서 방식이 달라지는 이유는 독서가 본질적으로 '독자와 텍스트가 상호작용' 하는 과정이기 때문입니다. 어떤 책은 독자의 해석이 중심이 될 때 이해가 더 풍부해지고, 어떤 책은 텍스트 자체에 집중하는 것이 훨씬 빠르고 정확한 이해로 이어집니다.

예를 들어 아이가 여가 시간에 장편 소설을 읽고 있다고 가정해 봅시다. 이때 중요한 것은 줄거리보다 독자가 '무엇을 느끼고 어떻게 해석했는가'입니다. 줄거리나 인물 관계에는 어느 정도 공통점이 있지만 감상은 열 명이 읽으면 열 가지가 나옵니다. 같은 소설을 읽고도 어떤 아이는 주인공의 선택이 어리석다고 느낄 수 있고, 어떤 아이는 충분히 공감할 만한 결정이라고 받아들일 수도 있지요. 이런 이유로 문학 작품을 읽을 때는 텍스트보다 독자가 중심이 되는 읽기가 더 적절합니다.

반면, 학교 숙제로 과학책을 읽고 문제를 풀거나 빈칸을 채워야 하는 상황이라면 이야기가 달라집니다. 이때는 정해진 시간 안에 정확한 정보를 찾아야 하므로 텍스트 자체에 집중해야 합니다. 문학 작품처럼 개인적인 감정이나 가치관이 개입되면 오히려 이해도가 떨어질 수 있습니다.

물론 문학이 항상 독자 중심, 정보 글은 항상 텍스트 중심이라고 단정 지을 수는 없습니다. 예를 들어, 소설이라 하더라도 수능 지문으로 제시된다면 개인적인 감상보다는 글의 구조와 주제, 핵심 정보를 정확히 파악하는 읽기가 필요합니다. 같은 글이라도 상황이 바뀌면 읽는 방식도 달라져야 하는 것이지요.

대부분 이런 구분을 어렴풋하게는 알고 있습니다. 문제는 이 차이를 전략적으로 활용하지 못한다는 데 있습니다. 그래서 독서 이해도가 늘 비슷한 수준에 머무르는 것이죠. 바로 이 지점부터 이야기를 시작해 보겠습니다.

독서 전략은 크게 두 가지로 나눌 수 있습니다. 하나는 주제 중심 읽기(정보·학습 목적), 다른 하나는 독자 중심 읽기(감상·추론 목적)입니다. 이 방식을 가정에서 어떻게 적용할 수 있는지 구체적인 예시와 함께 소개합니다.

📖 정보 습득과 학습력을 길러주는 주제 중심 읽기

먼저 이야기 글부터 살펴보겠습니다. 이야기 글은 보통 '발단-전개-위기-절정-결말'의 구조 속에서 사건이 전개됩니다. 하지만 모든 작품이 주제를 명확하게 드러내지는 않습니다. 열린 결말이거나 인물이 복합적으로 그려지는 경우도 많기 때문입니다. 그런데 학습 상황에서는 이야기가 다르게 읽혀야 합니다. 감상 독서에서는 각자의 해석이 존중되지만 학습 독서에서는 작품의 주제를 정확히 파악하는 것이 핵심이기 때문입니다. 이때 중요한 것은 '내 느낌'이 아니라 작가가 무엇을 말하려 했는가, 즉 '작가의 의도'와 '사상적 배경'입니다.

예를 들어 「허생전」의 주제를 "허생은 괴팍하지만 천재적인 인물이다"라고 정리했다고 합시다. 이 해석은 감상으로는 충분히 의미 있는 의견이지만 학습 관점에서는 오답이 될 수 있습니다. 교과 학습에서 요구하는 주제는 '무능하고 위선적인 양반 사회에 대한 비판'이기 때문입니다.

이처럼 관점의 차이를 이해하면 아이에게 독서를 지도하는 방향도 훨씬 분명해집니다. "너는 어떻게 느꼈어?"가 아니라 "작가는 이 인물을 통해 무엇을 비판하려 했을까?"로 질문이 바뀌어야 하는 것이죠.

다음으로는 지식 중심의 책, 즉 정보성 글을 살펴보겠습니다. 이런 책은 저자의 감정이나 개인적 경험보다 내용을 이루는 구조가 훨씬 중요합니다. 따라서 읽을 때 가장 먼저 확인해

야 할 것은 글의 전개 방식입니다. 대표적으로 아래의 구조들
이 있습니다.

- 원인-결과
- 문제-해결
- 비교-대조
- 나열 구조

예를 들어 문제-해결 구조의 글이라면 "어떤 문제가 나타
났고, 저자는 어떤 해결책을 제시했는가" 이 두 가지만 정확히
잡아내도 글의 핵심을 이해한 것이나 다름없습니다. 고학년으
로 갈수록 텍스트의 분량은 길어지고 정보도 복잡해집니다. 이
때 처음부터 모든 내용을 이해하려 들면 지치기 쉽습니다. 그
래서 챕터별로 핵심 정보와 예시를 구분해 정리하는 방식을 추
천합니다. 각 챕터의 중심 내용만 정리해 두면 책 전체의 구조
가 자연스럽게 눈에 들어오기 시작합니다.

주제 중심 읽기의 목표는 모든 내용을 기억하는 것이 아닙
니다. 핵심을 빠르게 파악하고, 정보의 구조를 이해하는 힘을
기르는 것, 바로 이것이 정보·학습 독서에서 가장 중요한 읽기
능력입니다.

📖 감상과 추론 능력을 키워주는 독자 중심 읽기

책 읽기에서는 경험을 기반으로 한 '독자 중심 읽기'가 필수 요소인데요. 여기에서 가장 중요한 요소는 독자가 이미 알고 있는 것을 얼마나 잘 끌고 와 연결하느냐입니다.

예를 들어, 아이가 미국 여행을 다녀온 직후 링컨 대통령에 관한 책을 읽는다고 가정해 봅시다. 아이는 책 속 설명을 읽으며 여행 중에 보았던 링컨 기념관이나 동상을 자연스럽게 떠올릴 것입니다. 그러면 텍스트는 단순한 정보가 아니라 경험과 연결된 이야기가 되고 몰입도는 훨씬 높아집니다. 만약 내가 알고 있던 정보와 책의 내용이 다르다면 아이는 이런 궁금증을 갖게 됩니다.

"어느 쪽이 맞는 걸까?"
"왜 다르게 설명하고 있지?"

이때 아이의 머릿속에서는 단순한 이해를 넘어 비교·검증·점검이 이루어집니다. 이것이 바로 메타인지적 독서이며, 독자 중심 독서의 핵심입니다. 책을 무조건 믿는 독자기 아니라 책과 대화하며 읽는 독자로 성장하는 순간이지요.

이를 돕기 위해서는 아이가 책을 펼치기 전에 제목, 작가, 표지, 목차를 함께 보면서 질문을 던져주는 것이 좋습니다.

"이 책은 어떤 이야기일 것 같아?"
"네가 이미 알고 있는 내용은 뭐가 있을까?"
"읽으면서 확인해 보고 싶은 게 있을까?"

아주 단순해 보이지만, 이 질문만으로도 아이는 수동적인 독자에서 능동적인 독자로 시야가 확장됩니다.

독자 중심 읽기에서도 글의 구조는 여전히 중요합니다. 다만 이때의 구조는 정답을 찾기 위한 틀이 아니라 내 관점으로 재조립하는 재료가 됩니다. 퍼즐을 맞추듯 텍스트의 정보와 나의 배경지식, 경험, 생각을 연결해 새로운 의미를 만들어가는 것이지요. 이 능력이 자랄수록 아이는 점점 더 단단한 독자가 됩니다. 여기에 '자신의 말로 요약해 보기', '책 내용을 바탕으로 스스로 질문과 답 만들기' 같은 활동을 더하면 독서의 깊이는 훨씬 깊어집니다. 이때 요약의 정확성보다 이해한 내용을 자기 언어로 표현해 보는 경험에 무게를 실어주세요.

독서 방법은 목적에 따라 달라져야 합니다. 정답을 찾는 독서에서는 텍스트에 집중해야 하고, 감상과 해석이 중요한 독서에서는 독자와 책의 상호작용이 핵심입니다. 다만 앞에서도 말했듯이 이 두 방식은 칼로 자르듯 나뉘는 것이 아닙니다. 따라서 상황과 목적에 따라 유연하게 오가며 사용할 수 있어야 진짜 독서 실력이 됩니다. 특히 배경지식과 독서 경험이 충분하지 않은 아이에게는 먼저 주제 중심 읽기를 통해 내용을 정확히 파악하는 힘을 길러준 뒤 독자 중심 읽기로 확장하는 방식이 효과적입니다.

마지막으로 잊어서는 안 될 점이 있습니다. 독서의 주인공은 언제나 아이라는 사실입니다. 어떤 독서 전략도 아이를 위한 도구일 뿐, 목표가 될 수는 없습니다. 전략을 적용했는데 아이가 잘 따라오지 못한다고 해도 다그치지 마세요. 아이가 책을 읽고 있다는 사실, 그 자체만으로도 충분합니다. 세상의 어떤 아이도 성장하지 않는 아이는 없으니까요.

✦✦✦ **책나무 독서 상담소** ✦✦✦

사례 1　글의 주제를 파악해야 할 때

- 책을 읽기 전 저자에 대한 정보를 미리 파악하도록 도와줍니다.

- 예전에 읽은 저자의 책이 있다면 그 내용을 간략히 정리하도록 권유합니다.

- 이야기의 사건과 인물, 내용을 정리하며 읽도록 독려합니다.

- 결말 혹은 주인공을 중심으로 주제를 정리하도록 도와주세요.

💬 **대화 예시**

◆ "이 책은 작가의 어린 시절을 바탕으로 썼다더라, 작가의 생애를 먼저 알아볼까?"

◆ "책의 마지막 부분에서 주인공은 왜 그런 결정을 했을까?"

◆ "예전에 읽은 저자의 다른 책과 이 책의 주제가 같은 것 같니, 다른 것 같니?"

◆ "○○이가 내용을 바탕으로 주제 정리를 참 잘했구나. 그런데 책에서 나쁜 일만 하는 인물을 통해 작가는 무슨 이야기를 하고 싶은 걸까?"

- 글의 핵심 문장과 예시 문장을 구분하도록 도와줍니다.

- 각 챕터별로 핵심 문장을 정리하는 법을 알려주세요.

- 완독 후에는 핵심 문장들을 모두 읽어보게 합니다.

- 책에서 많이 나온 정보 제시 방법이 예시인지, 비교인지 등을 함께 알아보세요.

- 핵심 개념어를 정리하도록 도와주세요.

💬 대화 예시

- "기체 종류가 참 많더라, 그런데 기체가 무엇인지부터 정리해 볼까?"

- "신라, 고구려, 백제가 챕터별로 나누어져 있네. 각 나라에 대한 설명을 다 읽고 나서 잊기 전에 글로 정리해 볼까?"

- "책을 끝까지 다 읽다니 멋지다! 그럼 우리 챕터별로 정리한 내용을 같이 읽어볼까?"

- "이 과학책에서 가장 많이 이야기한 용어는 무엇일까?"

- 책을 읽기 전 제목과 표지의 소개 글을 먼저 같이 읽어주세요.

- 제목이나 소개 글을 읽고 떠오른 생각이 있는지 질문해 주세요.

- 목차를 중심으로 앞으로 나올 내용을 함께 상상해 보세요.

- 표지의 정보를 바탕으로 한 질문을 만들어 보세요.

💬 대화 예시

◆ "책 읽기 전에 누가 이 책을 썼는지부터 살펴보자."

◆ "작가 이름과 책에 대한 소개가 표지에 멋지게 나와 있네. 혹시 예전에 이 이름을 본 적이 있니?"

◆ "처음 보는 작가구나. 제목은 아니까 어떤 내용이 나올지 생각해 볼까? 아이스크림 걸고 엄마(아빠)랑 내기해 보면 어때?"

사례 4 **나만의 언어로 정리하는 것을 어려워하는 경우**

- 책의 순서대로 요약하여 이야기하도록 도와주세요.

- 무엇이 가장 중요하다고 생각하는지 혹은 인상 깊었는지 질문해 주세요.

- 그 이유를 묻고 관련된 이야기를 함께 이야기하세요.

- 자신이 중요하다고 생각한 정보를 중심으로 요약하거나 글을 정리하도록 격려해 주세요.

💬 대화 예시

- "OO이가 이 책에서 가장 재미있게 읽었던 부분은 어디였니? 그것부터 말해줄래?"

- "OO이는 공룡의 멸종 부분이 왜 가장 재미있었어? 혹시 알고 있던 공룡 이름도 있었니?"

- "어떤 사건이 제일 재미있었는지 이야기해 줄래? OO이의 이야기를 듣고 엄마(아빠)는 어떻게 생각하는지 이야기해 줄게."

2 — 읽기 독립이 늦어지면 학습에 적신호가 온다

"읽기는 모든 학문의 기초다."

한 번쯤은 들어보셨을 말입니다. 읽기는 단순히 글자를 눈으로 따라가는 행위가 아닙니다. 문장을 이해하고, 그 의미를 연결하며, 자신의 생각을 키워가는 전 과정이 바로 읽기입니다. 그렇기에 읽기는 모든 학문의 출발점이 됩니다. 특히 초등 시기에는 '읽기 독립'이 이루어져야 합니다.

읽기 독립은 정확히 무엇이며, 왜 중요할까요? 또 우리 아이가 읽기 독립을 해야 하는 시기는 언제일까요? 만약 이 시기를 놓친다면 아이의 문해력에는 어떤 변화가 생길까요? 이 질문들을 차례대로 살펴보겠습니다.

읽기 독립이란 아이가 스스로 책의 내용을 이해하고 활용할 수 있는 능력을 말합니다. 더 자세히 말하자면 문자를 해독해 혼자 읽을 수 있는 능력과 글자를 읽는 데서 그치지 않고 책의 내용을 이해해 자신의 생각과 연결하고 재구성하는 능력입니다. 이 힘은 타고나는 것이 아니라 작은 성공과 시행착오를 반복하며 만들어집니다.

대부분의 연구자는 읽기 독립의 적기를 초등 1~2학년으로 봅니다. 본격적인 학습이 시작되기 전에 기초 문해력이 먼저 자리 잡아야 한다는 주장입니다. 읽기 독립이 이루어지는 시기는 아이의 학습과 성장에서 중요한 전환점입니다. 단어를 이해하고, 글자의 나열을 의미로 연결하며, 모르는 내용이 나왔을 때 그대로 넘기지 않고 잠시 멈춰 생각하는 태도를 길러주셔야 합니다. 스스로 읽고 이해할 수 있는 아이는 학습의 상당 부분을 혼자 해결할 수 있습니다.

이 시기의 읽기 태도는 이후 평생 학습의 흐름을 바꿀 만큼 중요합니다. 반대로 제때 읽기 독립이 이루어지지 않으면 모든 교과에서 어려움을 겪게 됩니다. 교과서 내용을 제대로 이해하지 못하면 개념을 익히는 데 시간이 오래 걸리고, 이는 학업 전반의 부담으로 이어집니다. 또한 읽기 속도와 이해력이 평균보다 낮게 형성될 가능성이 큽니다. 실제로 오랫동안 독서 교육을 받았던 6학년 아이는 "책 읽기가 수학 문제를 이해하는 데 도움이 됐다"라고 말하기도 했습니다.

그렇다면 읽기 독립은 어떻게 도와야 할까요? 분명한 것은 "책 읽어!"라는 말만으로는 해결되지 않는다는 점입니다. 오히려 책 읽기를 힘들고 억지스러운 일로 여기게 할 가능성이 큽니다. 아이가 두려움을 넘어 스스로 읽기 독립의 페달을 밟기 위해서는 적절한 지도와 읽을 수 있는 환경이 필요합니다. 여기에 아이의 반응에 대한 유연함 그리고 작은 성공에도 기꺼이 박수칠 수 있는 여유가 더해질 때, 읽기 독립은 비로소 가능해집니다.

📖 아이의 읽기 독립을 돕는 세 가지 방법

방법 ① 함께 읽고 대화하며 두려움을 줄여라

아이에게 책을 읽어주는 데서 그치지 말고 책 속 이야기를 함께 나누며 공감해 주세요. "이 인물은 왜 이렇게 행동했을까?", "다음에는 어떤 일이 일어날 것 같아?"와 같은 질문은 아이가 내용을 더 깊이 이해하도록 돕습니다. 동시에 '엄마, 아빠가 나를 지지하고 있다'라는 안정감을 주어 읽는 행위에 대한 두려움도 자연스럽게 줄여줍니다.

방법 ② 수준에 맞는 책이 호기심을 키운다

아이의 현재 수준과 관심사에 맞는 책을 고르는 것이 중요합니다. 여기에 차차 스스로 책을 선택하고 책임지는 경험을 할 수 있도록 도와주세요. 아이가 책을 잘못 골라도 괜찮습니다. 쉬운 책은 새로운 재미와 발견을 주고, 어려운 책은 읽기를 시도하는 그 경험 자체가 의미 있는 독서 연습이 되기 때문입니다.

방법 ③ 다양한 독후 활동으로 사고를 확장하라

책을 읽고 요약해 보거나, 등장인물에게 편지를 쓰거나, 인상 깊은 장면을 그림으로 표현해 보는 활동은 내용을 더 깊이 이해하고 자기 생각으로 재구성하는 데 도움이 됩니다. 아이가 글쓰기를 부담스러워할 수도 있지만 매일 조금씩 자연스럽게 이어가다 보면 어느 순간 스스로 성장한 모습을 발견합니다.

교육심리학자 레프 비고츠키Lev Vygotsky는 "아이의 학습은 사회적 맥락 속에서 이루어진다"라고 말했습니다. 읽기 독립 역시 어른이나 또래의 도움으로 시작해, 그 도움을 점차 줄여가며 아이가 스스로 학습하는 단계로 나아가는 과정입니다. 이 과정에서 아이는 시행착오를 겪고 때로는 디지털 기기의 유혹에 흔들리기도 합니다. 그래서 자전거를 배울 때처럼 혼자 탈 수 있을 때까지 부모가 뒤에서 잡아주는 시간이 반드시 필요합니다.

읽기 독립은 단순히 학습 능력 향상에 그치지 않습니다. 사고력과 문제 해결력, 나아가 창의력까지 함께 키워가는 중요한 과정입니다. 특히 초등 시기에 이 능력을 길러주는 일은 이후 학습과 삶 전반에 큰 영향을 미치는 중요한 기반이 됩니다. 아이가 일상에서 마주하는 문제를 스스로 생각하고 해결해 나갈 수 있도록 읽기 독립의 여정을 함께 시작해 주세요.

✦✦✦ 책나무 독서 상담소 ✦✦✦

사례 1 **자신의 감상을 표현하는 일에 서툰 경우**

- '자신의 느낌'이라는 막연한 질문을 구체적으로 설명해 주세요.

- 책 속에서 찾을 수 있는 것부터 질문하여 긴장을 풀어줍니다.

- 부모가 같은 책을 먼저 읽고 느낌을 밝혀주세요.

- 부모가 느끼는 것에 아이도 공감하는지 질문합니다.

💬 **대화 예시**

- "○○이는 결말이 마음에 들었니?"

- "책 제목에 있는 기체는 무엇을 말하는 것인지 엄마(아빠)한
  테 알려줄래?"

- "엄마(아빠)는 고구려가 그렇게 멸망한 것이 참 안타까웠어."

- "○○이는 과학자들이 핵을 연구하는 것이 인류에게 도움이
  된다고 생각하니?"

사례 2 **감상은 잘 말하는데 책의 내용은 잘 모르는 경우**

- 혹시 모르는 어휘가 많았는지 물어봅니다.

- 어느 부분이 어려웠는지 묻고 그 부분을 같이 읽어봅니다.

- 아이에게 어려운 수준이라면 같은 주제와 소재의 조금 더 쉬운 책을 권합니다.

- 책을 넘기면서 중요하다고 생각하는 부분을 함께 짚어 보세요.

- 책의 내용을 모르는 것이 어휘 때문이 아니라면 다시 한번 읽도록 권유합니다.

💬 대화 예시

- "○○이가 지금은 생각이 잘 안 나는 것 같네. 혹시 모르는 단어가 많았을까?"

- "읽으면서 어떤 단어가 어려웠는지 알려줄래?"

- "이 단어는 엄마도 잘 모르겠다. 너무 어려운데 그래도 포기하지 않았구나. 정말 대단해!"

- "책을 보면서 제일 중요한 단어 두세 개만 말해볼래?"

- "다음에는 조금 더 재밌게 읽을 수 있는 책으로 선택하자. 꼭 이 책이 아니어도 괜찮아."

- 아이의 답변을 충분히 경청한 후 그것과 관련된 중요한 부분을 함께 찾아 읽어봅니다.

- 책의 목차에 나온 개념을 책과 연관 지어 이야기하도록 합니다.

- 책에 있는 정보 중에서 더 중요한 것이 있다는 점을 아이의 눈높이에 맞춰 설명합니다.

- 사회나 과학 같은 비문학 계열 책은 베스트3 개념 고르기 등의 게임으로 진행합니다.

- 이야기책의 경우 핵심 사건을 건너뛰고 결말만 간략히 말한다면 어떻게 그런 결말에 이르렀는지 거슬러 올라가며 이야기합니다.

💬 대화 예시

- "○○이는 책 속의 날치가 멋있었구나. 멋진 날치가 무얼 먹고 누구에게 먹히는지 알아볼까?"

- "우리, 책의 목차를 함께 살펴볼까? 목차를 보면 이 책을 읽기 전에 어떤 이야기를 할 것인지 미리 알 수 있어."

- "화폐의 역사를 읽었구나. 지금 우리가 쓰는 돈이 나오기 전에 사람들은 어떻게 필요한 물건을 구했는지 엄마(아빠)랑 번갈아 가며 이야기해 볼까?"

3 책 내용을 공부로 연결하는 가장 현실적인 방법

"영희야, 학교 가자."

"철수야, 학교 가자."

"바둑이도 같이 가자."

꽃 피는 봄, 3월의 초등학교 1학년 교실 풍경을 떠올려 볼까요? 귀여운 아이들이 옹기종기 모여 앉아 선생님을 따라 합창하듯 교과서를 소리 내어 읽습니다. 아이들의 낭독이 끝날 즈음이면 도돌이표처럼 옆 반에서도 비슷한 소리가 들려오지요.

제가 학교에 다니던 시절, 여름날 나무 위에서 짝을 찾는 매미처럼 아이들은 다 함께 책을 소리 내어 읽곤 했습니다. 고학년 교실에서는 선생님이 학생 한 명을 지명해 자리에서 일어나 책을 읽게 하는 모습도 일상이었지요.

학창 시절을 보낸 사람이라면 누구나 쉽게 떠올릴 수 있는 이 장면은 지금도 여전히 반복되고 있습니다. 아이들은 학교에 입학하는 순간부터 '묵독'이 아닌 '낭독'으로 읽기를 시작합니다. 한글 자음과 모음을 따라 읽고, 낱말을 읽고, 문장도 소리 내어 읽습니다. 선생님들은 왜 아이들에게 소리 내어 읽도록 지도하는 걸까요? 그리고 이 같은 방식은 왜 오랜 시간이 지나도 바뀌지 않았을까요?

그 이유는 소리 내어 읽기가 주는 학습 효과가 매우 크기 때문입니다. 문자를 배우기 시작하는 아이들부터 성인에 이르기까지 소리 내어 읽기는 뇌를 가장 적극적으로 사용하는 읽기 방식입니다. 눈으로 글자를 보고, 입으로 소리를 내고, 귀로 다시 들으면서 온몸으로 글을 받아들이기 때문입니다.

어느 강연에 참석했다고 가정해 봅시다. 화면에 글과 그림이 차례로 넘어가는 자료를 소리 없이 보기만 할 때와 설명을 들으며 화면을 함께 보는 경우를 비교해 보면 어떨까요? 당연히 후자가 더 잘 이해되고 더 오래 기억에 남습니다. 약 복용 설명서나 가전제품 사용 설명서처럼 글씨가 작고 낯선 정보가

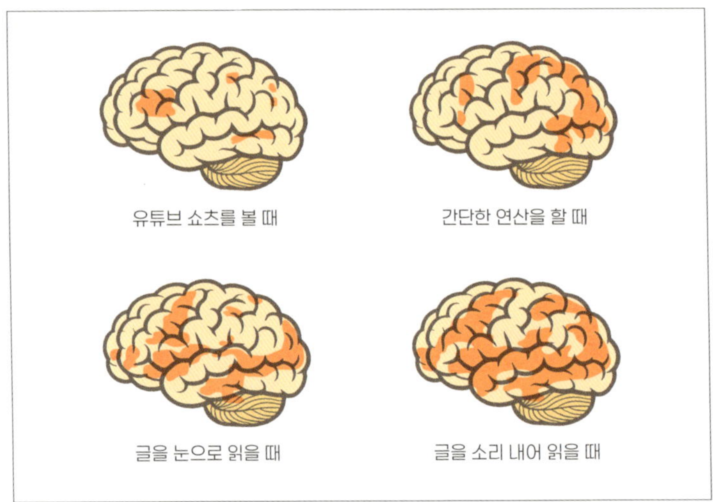

많은 텍스트를 마주했을 때는 무의식적으로 중얼거리며 읽을 때가 있지요. 시각과 청각을 동시에 사용할 때 우리 뇌의 더 많은 영역이 활성화되기 때문입니다.

어느 날, 초등학교 1학년 지윤이가 책나무에 왔습니다. 들어오자마자 그날 학교에서 있었던 일을 재잘재잘 이야기하는 호기심 많고 쾌활한 아이였지요. 특히 지윤이는 자신이 읽은 책 내용을 들려주는 것을 무척 좋아했습니다. 그날도 제게 책 이야기를 신나게 풀어놓았습니다.

“생쥐들이 고양이한테 방울을 달자고 했어요. 그래서 한 생쥐가 고양이한테 방울을 달았어요.”

그런데 어딘가 이상했습니다. 지윤이가 읽은 책은 『누가 고양이 목에 방울을 달 것인가?』였는데, 이 책의 줄거리는 생쥐들이 고양이를 피할 방법을 고민하다가 기발한 아이디어를 떠올리지만, 결국 아무도 용기를 내지 못한다는 내용입니다. 이야기 속에서 고양이 목에 실제로 방울을 단 생쥐는 등장하지 않습니다.

그런데 지윤이는 분명히 ‘달았어요’라고 설명하며 그런 장면으로 기억하고 있었지요. 읽는 과정에서 내용 이해에 오류가 있었음을 알 수 있습니다. 저학년 아이들 중에는 책을 읽다가 들고 와서 “무슨 말인지 모르겠어요”라고 말하는 경우도 많습니다. 이럴 때는 소리 내어 읽자고 제안합니다. 글자를 놓치지 않도록 손가락으로 짚어주며, 의미를 생각하면서 읽게 합니다. 그러면 아이는 어느 순간 “아!” 하고 깨달은 표정을 짓고 자기 자리로 돌아갑니다.

지윤이에게도 마찬가지로 함께 소리 내어 천천히 다시 읽어보자고 제안했습니다. 지윤이는 한 글자 한 글자에 집중하며 천천히 읽어 내려갔고, 결말 부분에 이르자 잠시 멈칫하더니 당황한 표정을 지었습니다. 그러고는 곧 선생님이 왜 다시 읽자고 했는지 알겠다는 듯 수줍게 웃었습니다.

초등 저학년은 독서력 발달상 '초기 독자'에 해당합니다. 아직 문자 체계에 완전히 익숙하지 않고, 그동안 책을 주로 '듣는 경험'으로 접해왔기 때문입니다. 그래서 글자를 읽을 수 있게 되었더라도 시각 정보를 청각 정보만큼 능숙하게 처리하지는 못합니다.

초등학교 1학년이 되기 직전에 책나무를 찾은 지호도 그런 아이였습니다. 지호는 책을 좋아했지만 읽는 과정에서 내용을 자주 놓쳤습니다. 글자를 바꿔 읽거나 줄을 건너뛰는 일이 잦았지요. 지호에게도 소리 내어 읽는 연습을 꾸준히 진행했습니다. 차분히 반복해서 읽다 보니 얼마 지나지 않아 비문학 책을 읽는 힘이 눈에 띄게 좋아졌습니다. 이처럼 초등 저학년 아이들에게 소리 내어 읽기는 선택이 아니라 필수에 가까운 독서 전략입니다.

소리 내어 읽으며 눈으로 보는 글자와 스스로 내는 소리를 연결하는 경험이 충분히 쌓여야 문자 처리 능력이 안정적으로 발달합니다. 익숙하지 않은 글자를 눈으로만 빠르게 훑어 읽다 보면 지금 무엇을 읽고 있는지, 어디까지 읽었는지 흐름을 쉽게 놓치게 됩니다. 묵독은 이러한 과정이 안정된 이후에야 가능한 단계입니다.

저는 소리 내어 읽기를 종종 ‘마법을 거는 주문’에 비유합니다. 유창한 독서라는 결과를 불러오는 주문 말이지요. 영화나 소설 속 마법사를 떠올려 보세요. 마음속으로만 주문을 외우는 마법사는 거의 없습니다. 주문을 끝까지, 또렷하게 외워야 마법이 발현됩니다. 우리 뇌는 눈으로 읽을 때보다 소리 내어 읽을 때 훨씬 더 활성화되고, 이는 문자 해독을 넘어 의미 이해로 이어지게 하는 통로 역할을 합니다.

이 효과는 뇌과학 연구에서도 확인됩니다. 가천의과대학교 뇌과학연구소에서 초등학생을 대상으로 묵독과 소리 내어 읽기를 비교한 실험 결과, 소리 내어 읽을 때 문자 이해와 언어 표현에 중요한 역할을 하는 뇌의 ‘베르니케 영역Wernicke’s area’과 ‘브로카 영역Broca’s area’이 더 활성화되었습니다.

베르니케 영역은 뇌의 측두엽에 위치하며 의미 있는 청각 정보를 처리하기에 주로 언어 이해를 전담합니다. 읽기와 쓰기, 언어를 통한 사고 전반에 관여하며 외국어 학습에도 중요한 역할을 합니다. 브로카 영역은 뇌의 전두엽에 위치해 말하기와 언어 표현을 담당합니다.

과거에는 브로카 영역이 언어 활동을 주관하는 것으로 알려졌지만, 이후 연구를 통해 두 영역이 긴밀히 상호작용하며 언어의 의미를 이해한다는 사실이 밝혀졌습니다. 실제로 베르니케 영역이 손상되면 말을 유창하게 하더라도 의미를 제대로 이해하지 못하는 언어 장애가 나타납니다. 인간이 침팬지보다 약 7배 큰 베르니케 영역을 가진 것도 복잡한 문자 체계와 의미를 처리할 수 있는 이유 중 하나입니다.

"유치원도 졸업했는데, 언제까지 이렇게 소리 내어 읽어야 하지?"

집에서 아이가 소리 내어 책을 읽는 모습을 지켜보는 부모라면 한 번쯤 이런 생각이 들 수 있습니다. 반대로 부모가 소리 내어 읽어 보라고 하면 아이가 부끄럽거나 불편해서 거부하는 경우도 있지요. 하지만 소리 내어 읽는 습관 자체는 부모의 시선과 태도를 조금만 바꿔도 자연스럽게 이어질 수 있습니다.

아이가 소리 내어 읽기를 거부하는 이유는 다양합니다. 글자를 아직 정확히 읽지 못해 자신이 없을 수도 있고 성격상 목소리를 내는 상황이 부담스러울 수도 있습니다. 어떤 경우에는 부모의 반응이 원인이 되기도 합니다. 아이가 더듬거리거나 발음을 틀릴 때마다 부모가 지적하면 아이는 금세 자신감을 잃고 "그냥 안 읽을래요"라는 태도를 보이게 됩니다.

집에서 아이와 함께 소리 내어 책을 읽을 때는 발음이 틀리거나 머뭇거리더라도 절대 다그치지 마세요. 소리 내어 읽기의 목적은 틀린 글자를 잡아내는 것이 아니라, 글자와 소리를 자연스럽게 연결하는 경험을 쌓는 데 있습니다. 이 경험이 아이에게 편안하고 즐겁게 느껴질수록 소리 내어 읽는 시간은 자연스럽게 늘어납니다. 오늘부터는 집에서도 소리 내어 읽는 '마법의 주문'을 부담 없이 즐겁게 이어가 보세요. 그러면 아이가 어느새 활자 정보를 능숙하게 처리하는 내공 있는 독자로 자라날 테니까요.

4 너무 어려운 책은 아이의 발목을 잡는다

아이가 책 읽는 모습을 지켜본 적 있으신가요? 숨을 고르며 시선을 차분히 글자에 두는 아이도 있고, 가끔 웃다가 얼굴을 찡그리는 아이도 있습니다. 책 속 세계에 스며든 아이 주변에 마치 보이지 않는 경계가 생긴 것처럼 느껴질 때도 있지요. 참 아름다운 장면입니다.

반대로 이런 모습은 어떨까요? 아이가 잠깐 책을 집어 들었다가 금세 지루한 표정을 짓고 다른 재밋거리를 찾듯 시선을 옮겨버리는 경우입니다. 그림만 잠깐 보고 이리저리 페이지를 넘기며 읽는 둥 마는 둥 하는 모습도 흔합니다. 만약 이런 장면을 발견했다면 오히려 다행입니다. 지금이라도 아이에게 필요한 도움을 줄 수 있기 때문입니다.

한글을 뗐다는 이유로 "이제 혼자 읽어야지!" 하며 책장만 채워두고 이후 아이의 독서에는 관심을 두지 않는 부모님들을 정말 많이 보았습니다. 이 중요한 시기에 부모의 무관심은 아이가 책이라는 세계를 제대로 만나보기도 전에 흥미를 잃게 만듭니다. 그리고 아이의 머릿속에 '책은 어렵고 재미없는 것'이라는 인식을 남기게 되지요.

지금 이 책을 읽고 계신 부모님께 꼭 말씀드리고 싶습니다. 책을 읽지 않는 것은 아이의 마음에 영양분을 공급하지 않는 것과 마찬가지이며, 아이의 독서에 책임을 다하는 일은 선택이 아니라 부모의 역할이라는 사실을 말입니다.

초등학교 1학년 영근이는 호기심이 많은 아이였습니다. 앉아 있는 시간이 짧았고, 책을 읽기 시작해도 금세 그만두곤 했지요. 읽기 수준을 살펴보기 위해 소리 내어 읽게 해보니 발음이 정확하지 않았고 조사를 바꿔 읽거나 어휘를 건너뛰는 경우가 잦았습니다. 어디서 끊어 읽어야 할지 몰라 머뭇거리다가 엉뚱한 곳에서 끊어 읽기도 했습니다. 두세 페이지를 읽고 "어떤 내용이야?"라고 물었을 때, 영근이는 머뭇거리며 시선을 피했습니다. 글자는 읽을 수 있었지만 읽는 데 에너지를 모두 써

버려 내용 이해에 쓸 힘이 남아 있지 않았던 것입니다.

독서 초기에 꼭 필요한 '읽기 유창성'은 다음의 세 가지 요소로 이루어져 있습니다.

① 정확하게 읽는 능력(accuracy),

② 적절한 속도로 읽는 능력(rate),

③ 문장의 흐름과 운율을 살려 읽는 능력(prosody)

아이의 읽기 유창성이 떨어지는 이유는 대체로 다음과 같습니다.

- 글자를 소리로 바꾸는 과정이 아직 체계화되지 않은 경우
- 어휘량이 부족해 낯선 단어가 많은 경우
- 읽기에 대한 부담감과 긴장이 큰 경우
- 전반적인 읽기 경험이 부족한 경우
- 듣기 이해력이 약한 경우

읽기 유창성을 갖추어야 할 시기에 이 기반이 충분히 다져지지 않으면 그 이후의 독서에는 계속해서 브레이크가 걸리게 됩니다. 그래서 읽기 교정 방법에 대해 꼭 알고 계셔야 합니다.

다행히도 이 문제들은 편안한 분위기에서 자주, 그리고 충분히 읽는 경험을 통해 서서히 개선될 수 있습니다.

📖 읽기 유창성을 끌어올리는 여섯 가지 방법

방법 ① 반복 읽기

같은 글을 여러 번 읽으면 정확도와 속도가 함께 올라가고 조사를 포함한 모든 글자를 바르게 읽게 되면서 기억에 대한 부담도 자연스럽게 줄어듭니다. 이때 중요한 원칙은 아이의 현재 수준보다 약간 쉬운 책을 고르는 것입니다. 짧고 흥미로운 동화나 이야기책이면 충분합니다. 꼭 끝까지 읽을 필요는 없습니다. 같은 부분을 몇 번이고 소리 내어 읽으며 부모가 옆에서 자주 틀리는 부분만 짚어주세요.

방법 ② 함께 읽기

함께 읽기는 읽기에 대한 불안을 줄이고 읽기 속도를 높여줍니다. 문장의 리듬과 운율을 몸으로 익히는 데도 효과적입니다. 부모님이나 선생님, 혹은 읽기 수준이 비슷한 친구와 나란히 앉아 같은 책을 동시에 소리 내어 읽는 방법입니다.

 시각 단어 자동화 훈련하기

시각 단어 자동화란 단어를 하나하나 해독하지 않고 보는 즉시 알아보게 만드는 훈련입니다. 이 과정이 자리 잡으면 읽기 속도는 눈에 띄게 빨라집니다. 그림책이나 동화책에 자주 등장하는 단어('그리고', '그래서', '우리', '있다')와 조사('은', '는', '이', '가')를 골라 낱말 카드로 만들어 반복적으로 노출해 주세요.

 끊어 읽기

끊어 읽기는 문장을 의미 단위로 나누어 읽는 연습입니다. 글을 읽다가 적절한 지점에서 멈추고 "지금까지 무슨 이야기였지?" 하고 스스로 점검하도록 합니다. 이 방식은 작업 기억의 부담을 줄이고 정보를 정리해 장기 기억으로 옮기는 데 도움을 줍니다. 특히 조사를 정확히 인식하고 문장 구조를 이해하는 힘을 길러주기 때문에 자연스럽게 문해력과 독해력 향상으로 이어집니다.

 듣기 독서

부모님들이 책을 많이 읽어 준 아이는 언어의 구조와 의미를 실시간으로 처리하는 능력이 뛰어납니다. 어휘와 문장 구조를 '공부'가 아니라 '경험'으로 익힌 것이지요. 아이를 품에 안고 차분하고 다정한 목소리로 책을 읽어주세요. 장거리 이동 시간에 창작동화나 전래동화 이야기를 함께 듣는 것도 아주 좋은 방법입니다.

방법 ⑥ 긍정적인 정서 심어주기

무엇보다 중요한 것은 아이가 독서에 대해 긍정적인 감정을 갖는 것입니다. 이는 부모의 태도에서 시작됩니다. 아이가 글을 읽고 있다는 사실 자체를 인정하고 짧지만 진심 어린 칭찬을 건네주세요. "잘했어", "대단하다", "정말 좋아" 같은 말은 아이의 뇌가 새로운 신경망을 만드는 과정에 도움이 됩니다. 즐거운 감정이 붙은 경험은 반복되고, 반복된 경험은 결국 실력으로 이어집니다.

우리 아이가 현재 책 읽는 것을 힘들어하거나 자꾸 피하려 든다면 꾸짖기보다 아이의 읽기 유창성을 면밀하게 살펴보고 실질적인 도움을 주어야 합니다.

그러니 자주 읽어주고, 자주 관찰하세요. 아이의 속도에 맞춰 한 단어, 한 문장을 정확하고 유창하게 읽어 나가는 즐거움을 알려주어, 궁극적으로 책이라는 무한한 세상으로 날아갈 수 있는 든든한 날개를 달아주시길 바랍니다.

5 학습 만화만 읽는 아이, 6:4 법칙을 적용하라

주말에 대형서점에 가서 어른, 아이 할 것 없이 바닥에 앉아 책을 읽는 풍경은 언제 봐도 반갑지요. 특히 아이들이 책에 몰입해 있는 모습을 보면 우리 사회가 아직 괜찮다는 안도감도 듭니다. 그런데 가까이에서 보면 아이 손에 들린 책이 대부분 학습 만화인 경우가 많습니다.

학습 만화가 사랑받는 데에는 분명한 이유가 있습니다. 어려운 역사·과학·사회 개념을 재밌는 그림으로 풀어주기 때문에 아이가 책을 쉽게 집어 들게 하고 그 덕분에 배경지식을 쌓는 데 도움이 되는 것도 사실입니다. 문제는 학습 만화를 언제,

어떻게, 얼마나 읽느냐입니다.

보통 학습 만화는 그림과 글의 비율이 6:4 혹은 7:3 정도입니다. 그림은 화려하고 즉각적으로 정보를 전달하지만 줄글은 읽는 데 에너지가 많이 필요합니다. 그래서 우리 뇌는 본능적으로 에너지를 덜 쓰는 쪽을 선택하지요. 만화 장면은 열심히 보지만 중간에 등장하는 설명 페이지나 정리 파트는 쉽게 건너뛰게 됩니다.

이 패턴이 반복되면 아이의 뇌는 이미지가 있는 읽기에 익숙해지고 스스로 상상하고 의미를 구성해야 하는 줄글 텍스트 앞에서는 당황하지요. 이처럼 탄탄한 독서 체력이 자라지 않은 상태로 고학년을 맞으면 문해력이 무너져 줄글 독서를 힘들어하는 아이가 되고 맙니다.

상담을 하다 보면 실제로 이런 고민을 가진 부모님을 자주 만납니다.

"초등학교 2학년까지는 줄글 책도 잘 읽었는데, 학습 만화를 사준 뒤로는 만화만 봐요."

이 시기의 독서 습관은 생각보다 오래갑니다. 처음에는 만화 속 정보를 잘 설명하던 아이가 시간이 지나면 핵심 정리 부분은 넘기고 자극적인 장면만 반복해서 읽는 모습으로 바뀌기도 합니다. 바로 이때 부모의 불안은 커질 수밖에 없습니다.

그래서 필요한 기준이 바로 '6:4 법칙'입니다. 학습 만화를 금지하는 것이 아니라 독서 비중을 조절하자는 전략입니다. 전체 독서량의 6은 줄글 책, 4는 학습 만화의 비율로 아이의 독서 환경을 설계해 주세요. 학습 만화를 읽는 날에는 반드시 같은 주제의 줄글 책을 함께 제안하는 것이 핵심입니다. 만화를 통해 흥미와 배경지식이 생긴 상태라면 글밥이 있는 책도 훨씬 수월하게 받아들일 수 있습니다.

4학년 민준이도 그랬습니다. 학습 만화만 읽던 아이였지만 만화로 접한 역사 주제를 글밥이 적은 역사책으로 연결해 주자 점점 읽는 속도가 빨라지기 시작했습니다. 중요한 점은 한 번에 바꾸려 하지 않았다는 것입니다. 글의 양을 서서히 늘리고 좋아하는 주제를 중심으로 확장했습니다.

지금도 민준이는 학습 만화를 읽습니다. 다만 달라진 점은 스스로 읽는 분량과 시간을 조절할 수 있게 되었다는 것입니다. 만화에서 생긴 궁금증을 줄글 책으로 해결하려는 태도도 생겼습니다. 만화가 '끝'이 아니라 '입구'가 된 셈입니다.

학습 만화에 빠진 아이에게 당장 만화책 읽기를 금지하거나 혼내는 방식은 효과가 없습니다. 오히려 독서 자체를 부정적인 경험으로 만들 수 있기 때문입니다. 필요한 것은 통제가 아니라 구조입니다. 학습 만화를 읽는 아이에게 줄글 책을 자연스럽게 연결할 수 있는 구조가 바로 이 6:4 법칙입니다.

만화를 완전히 끊게 할 필요는 없습니다. 문제는 '만화냐 아니냐'가 아니라 아이의 독서가 학습 만화에서 멈춰 있느냐는 점입니다. 학습 만화가 아이를 책으로 이끄는 입구가 될 수도 있지만 그 자리에 오래 머물면 줄글 세계로의 연계가 어려워집니다. 아이가 만화를 통해 생긴 호기심을 글로 확장할 수 있도록 독서의 방향을 조정해 주는 것. 이 작은 조정이 아이의 독서력을 지키는 가장 현실적이고 단단한 방법입니다.

사례 1 **집 안 책장에 학습 만화만 잔뜩 꽂혀 있는 경우**

- 학습 만화를 읽는 아이 자체를 비난하지 마세요.

- 학습 만화가 재미있다는 것에 충분히 공감하세요.

- 학습 만화보다 줄글 책을 가까이할 수 있도록 집 안의 독서 환경을 서서히 바꿔주세요.

- 손이 가장 쉽게 닿는 곳에 꽂혀 있던 학습 만화를 조금씩 관련 정보가 있는 줄글 책으로 바꿔주세요.

💬 대화 예시

- "○○이가 좋아하는 학습 만화구나, 엄마(아빠)도 과학은 어려운데 이 책은 쉽더라."

- "우리 집에는 만화책만 있는 것 같네. 엄마(아빠)랑 서점에 가면 거기에도 만화책만 있는 것은 아니었지? 우리도 서점처럼 바꿔보자."

- "어제 읽은 학습 만화에 나온 과학 이야기가 이 책에 담겨 있더라. 학습 만화 옆에 같이 꽂아둘까?"

◆ "역사책도 학습 만화 옆에 같이 꽂아두고 번갈아 읽으면 참 좋겠다. 우리 집 책장이 더 근사해진 것 같은데?"

사례 2 새로운 만화책을 사달라고 계속 조르는 경우

- 아이에게 새 만화책을 사고 싶은 이유를 물어보세요.

- 지금까지 읽은 만화책의 내용을 요약해 글로 적어보게 하세요.

- 지금까지 읽은 만화책과 같은 주제의 재미있는 줄글 책을 권해주세요.

- 줄글 책과 만화책에서 다루는 정보가 어떻게 다른지 함께 비교해보세요.

- 새로운 만화책이 나에게 도움이 되지 않는다는 것을 아이 스스로 깨닫도록 충분히 대화하세요.

💬 대화 예시

◆ "○○이는 이미 한국사 만화는 많이 읽었는데 이 책은 왜 사고 싶을까?"

◆ "아, 고구려가 멸망한 부분이 궁금하구나. 고구려는 누가 만들었고 어떻게 발전했는지 이야기해 줄래? 여러 번 읽었으니 이야기할 수 있을 것 같은데."

- ◆ "이 만화책이 삼국시대를 아는 데 도움이 많이 되었니? 어떤 점이 그런지 말해줄래?"

- ◆ "○○아, 이 책이 장수왕에 대해 자세히 말하고 있네. 이 책을 읽고 학습 만화 장수왕 편과 어떤 부분이 다른지 말해줄래?"

- ◆ "아, 이 책이 장수왕을 더 자세히 소개하고 있네. ○○이도 이 부분은 미처 몰랐지? 앞으로는 이 책으로 같이 읽어볼까?"

사례 3 독서 시간의 대부분을 만화책에만 할애하는 경우

- 아이와 일주일 독서 계획을 함께 세워보세요.

- 만화책과 관련된 줄글 책을 함께 읽도록 구체적인 계획을 세우세요.

- 비율은 아이 스스로 정하게 하되 줄글 책의 비중을 서서히 늘려주세요.

- 만화책과 줄글 책을 읽은 후에 핵심 개념과 내용을 정리해 말하거나 적어보도록 하세요.

- "○○이가 만화책을 좋아하는 걸 엄마(아빠)도 충분히 알고 있는데, 학교에서는 만화책으로 수업을 하지 않고 세상에는 만화책보다 글로 된 책이 더 많아서 줄글 책도 읽을 필요가 있거든? 우리 ○○이를 위한 최고의 독서 계획을 함께 세워 보자."

- "엄마(아빠)는 일주일의 계획을 미리 세우는 게 좋을 것 같은데, ○○이의 의견은 어때?"

- "만화책과 줄글 책은 몇 권씩 읽을까? 한 권씩 번갈아 읽을까? ○○이의 생각은 어때?"

- "○○이가 만화책 다섯 권, 줄글 책 세 권으로 정했구나. 참 잘했어. 만화책 다섯 권은 읽은 뒤에 중요한 내용을 말해줄래? 엄마(아빠)가 궁금하기도 하고, 줄글 책과 같은 사건을 어떻게 다르게 이야기하는지 알면 재미있을 것 같아."

6   판타지 소설만 읽다 보면 문해력을 놓칠 수 있다

코끼리가 하늘을 날고, 시공을 뛰어넘어 멋진 성의 공주가 되거나 힘센 기사가 되어 불을 뿜는 용을 물리치는 장면. 이 모든 것의 근원은 바로 '상상력'입니다. 인간만이 가진 고유한 능력이죠. 상상력을 발휘하면 우리는 언제든 원하는 곳으로 갈 수 있고 하고 싶은 일을 이룰 수 있습니다. 이 상상력을 바탕으로 인류는 수많은 창작물과 콘텐츠를 만들어왔습니다.

앞서 이야기했듯, 인공지능이 빠르게 인간의 일을 대체하는 시대에도 상상력은 여전히 인간 고유의 자산으로 꼽힙니다. 어떤 이들은 상상력을 허황된 '뜬구름 잡기' 정도로 여기지만 사실 우리가 누리는 문명의 상당수는 과거 누군가의 상상이 현실이 된 결과입니다. 스스로 움직이는 자동차, 우주를 질주하는 로켓, 주머니에 넣고 다니는 스마트폰까지도 한때는 모두 상상의 영역에 있던 것들이었지요.

조앤 K. 롤링의 판타지 소설 『해리 포터』는 1997년 전 세계를 뒤흔들었습니다. 저 역시 그 폭풍 같은 인기 속에서 밤새 책을 읽던 독자 중 한 사람이었습니다. 아이들을 재운 뒤 도서관에서 빌려온 책을 읽다 보면 어느새 자정이 훌쩍 넘어 있곤 했습니다. 나중에야 '북 행오버Book Hangover'라는 단어가 있다는 것을 알게 되었는데요. 책 속 감정에 깊이 빠져 현실로 돌아오기 힘든 상태를 뜻합니다. 저는 해리가 겪는 상황에 지나치게 몰입한 나머지 두통마저 감수했던 기억이 있습니다.

우리는 왜 이토록 판타지에 열광할까요? 판타지는 어른과 아이를 가리지 않고 현실과는 전혀 다른 세계로 데려가기 때문입니다. 판타지 속에서는 과거와 미래를 넘나들고 남의 마음을 들여다볼 수도 있으며, 현실에서는 불가능한 소망을 마음껏 펼칠 수도 있습니다. 그래서 판타지 소설은 언제나 강력한 흡입력을 가집니다. 저 역시 지금도 『나미야 잡화점의 기적』이나 『위저드 베이커리』처럼 상상력을 자극하는 이야기를 좋아합니다.

이제 '읽기'의 관점에서 판타지 문학을 살펴보겠습니다. 독서 교육의 입장에서 판타지는 정말 고마운 장르입니다. 책을 싫어하던 아이를 독서의 세계로 데려오는 최고의 입문서가 바로 판타지 소설이기 때문입니다. 이야기의 몰입감이 워낙 강해서 책에 거부감이 있던 아이들도 한 번 빠져들면 자연스럽게 긴 글을 읽게 됩니다.

어린아이들이 전래동화를 좋아하고 조금 더 자란 아이들이 판타지 소설에 빠지는 이유도 비슷합니다. 전래동화와 판타지 모두 비현실적인 요소로 가득한 이야기이기 때문입니다. 전래동화에는 동물과 요정이 등장하고 판타지 소설 역시 설화와 전설을 바탕으로 한 이야기가 많습니다. 이런 작품들은 '머리 아프게 생각하지 않아도 된다'라는 장점 덕분에 책을 멀리하던 아이들에게 훌륭한 진입로가 됩니다.

특히 판타지 문학은 저학년에서 중학년으로 넘어가는 시기에 매우 유용합니다. 텍스트의 양이 눈에 띄게 늘어나는 3~4학년은 이른바 '독서 엉덩이 힘'을 길러야 하는 시기인데요. 판타지 소설은 아이가 긴 글 읽기에 익숙해지도록 도와주는 역할을 합니다.

5학년 하은이도 『해리 포터』에 푹 빠져 있던 아이였습니다. 어느 날 하은이는 엄마에게 영어 원서를 사 달라고 했습니다. 두껍고 권수도 많은데, 전부 영어로 읽겠다면서요. 결코 쉬운 도전은 아니었지만 하은이는 끝까지 포기하지 않고 원서를 읽어냈습니다. 그 과정에서 영어 실력도 눈에 띄게 향상되었고요. 하은이의 이런 변화는 다음과 같은 한 문장으로 정리할 수 있습니다.

"내가 좋아하는 이야기가 공부의 동력이 된다."

독서든 학습이든, 결국 가장 중요한 것은 자발적 동기라는 사실을 보여주는 사례입니다. 그렇다면 판타지 소설을 무조건 많이 읽는 게 좋을까요? 꼭 그렇지만은 않습니다. 학습 만화와 마찬가지로 아이가 판타지 소설만 읽을 때 많은 부모가 불안을 느낍니다. 역사, 사회, 과학처럼 세상을 이해하는 데 필요한 다양한 지식을 접하지 못한, 상상 속 이야기만 소비하는 아이가 될까 걱정되기 때문입니다.

이 문제는 음식에 비유하면 이해하기 쉽습니다. 아무리 맛있는 음식이라도 그것만 계속 먹으면 영양 불균형이 생기듯, 한 장르의 글만 읽으면 사고력·어휘력·지식의 균형이 무너질 수 있으니까요. 판타지 소설만 읽을 때 나타날 수 있는 문제는 다음과 같습니다

첫째, 정독하는 습관이 약해질 수 있습니다. 판타지는 전개가 빠르고 흥미진진해 대부분의 아이가 생각하며 읽기보다 빠른 속도로 읽습니다. 그 결과 묘사가 길거나 호흡이 긴 글은 소화하기 힘들어집니다.

둘째, 어휘 확장이 제한됩니다. 판타지 소설은 가독성이 높은 대신 추상어와 개념어, 전문어가 상대적으로 적습니다. 중·고급 독서로 넘어가기 위해 필요한 한자어와 개념어에 노출될 기회가 줄어듭니다.

셋째, 사고의 깊이가 자라기 어렵습니다. 판타지는 저자의 철학이나 사회적 메시지를 깊이 고민하지 않아도 읽을 수 있는 장르입니다. 판타지에만 익숙해지면 복잡한 생각을 요구하는 비문학 장르를 피하려는 경향이 생길 수 있습니다.

넷째, 정서와 현실 감각에도 영향을 줄 수 있습니다. 가상과 현실의 구분이 아직 완전히 자리 잡지 않은 시기의 아이가 판타지에만 몰입하면 현실에서의 관계 맺기와 소통 경험이 줄어들 가능성이 있습니다.

여기서 꼭 짚고 넘어가야 할 점이 있습니다. 이 문제들은 판타지를 '너무 많이', 그리고 '그것만' 읽을 때 나타난다는 것입니다. 판타지 자체는 훌륭한 장르이며, 아이에게 즐거운 독서 경험과 강렬한 기억을 남겨주는 소중한 세계라는 사실은 변함이 없습니다.

　결국 중요한 건 판타지를 끊는 것이 아니라 판타지에서 멈추지 않게 하는 것입니다. 아이가 판타지로 독서의 재미를 배웠다면 이제 그 즐거움을 발판 삼아 다른 세계로 건너갈 수 있게 다리를 놓아주세요. 좋아하는 이야기를 읽을 시간을 존중받은 아이는 새로운 책 앞에서도 쉽게 마음을 닫지 않습니다. 오늘은 판타지, 내일은 현실 이야기, 그다음은 생각이 필요한 글의 순서로 독서는 자연스럽게 확장되어야 합니다. 아이가 상상의 세계에서 얻은 힘을 현실의 언어와 사고로 옮겨올 수 있도록 곁에서 방향만 잡아주면 충분합니다.

사례 1 **전개가 빠른 판타지 책만 찾는 경우**

- 아이가 읽은 판타지 책의 내용을 발단-전개-위기-절정-결말로 나누어 설명하도록 하세요.

- 가장 큰 사건이 무엇인지, 주인공이 어떤 선택을 했고 그 까닭은 무엇인지 물어보세요.

- 부모도 판타지 책에 관심을 두고 질문을 여러 가지 던져 공감대를 형성하세요.

- 판타지 책의 세계관 역시 현실 사회의 여러 문화와 신화 속에서 파생되었음을 아이가 깨닫도록 관련 책을 권해주세요.

- 아이가 좋아하는 판타지 그 이상의 세상과 이야기가 있음을 깨닫게 하여 판타지의 틀을 깨고 나오도록 이끌어주세요.

💬 **대화 예시**

- "○○이가 벌써 이 책을 다 읽었구나. 대단한데? 이야기가 처음에 어떻게 시작되는지 말해줄래?"

- "이 이야기에서 가장 큰 사건이 어떤 것이었어? ○○이가 이야

기를 재미있게 해주니까 더 듣고 싶은데.”

- ◆ “○○아, 엄마(아빠)도 오늘 이 책을 읽어봤는데 ○○이가 왜 좋아하는지 알겠더라. 주인공이 진짜 영리하던걸!”
- ◆ “○○아, 판타지 소설에 나오는 여러 신들이 이 책에 나오는 것 아니? 사실 이 책이 먼저 있었던 이야기인데 이것도 함께 읽어보자.”
- ◆ “신화를 읽어 보니 어땠어? 신비한 이야기이지만 판타지 소설과는 느낌이 달랐을 것 같은데 그 부분에 대해 함께 이야기해볼까?”

사례 2 학년이 올라가도 판타지 책만 찾는 경우

- 학습과 관련된 독서의 필요성을 허심탄회하게 이야기하는 시간을 가져보세요.
- 아이를 야단치지 말고 아이에게 일반 도서와 판타지 책을 읽을 시간을 분배하게 하세요.
- 아이 스스로 정한 규칙을 지키도록 독려하고, 이를 지켰을 경우 많이 칭찬해 주세요.
- 일반 도서를 읽을 때 더 많이 칭찬하고 그 내용에도 관심을 가져 주세요.

- "OO아, 이제 학교에서 숙제가 점점 늘 텐데, 그때 도움이 되는 책을 읽을 시간도 필요할 것 같아. 판타지 소설도 재미있지만 숙제에 도움을 주지는 못하잖아. OO이 생각은 어때?"

- "하루에 판타지 소설과 숙제에 필요한 책을 각각 얼마나 읽을지 함께 의논해 보자."

- "OO이가 약속한 시간보다 판타지 소설을 더 많이 읽었구나. 그래, 읽다 보면 재미있어서 멈추기가 어렵지. 대신 그만큼 숙제할 때 필요한 책을 더 읽어보자. 그러면 두 권을 모두 균형 있게 읽을 수 있을 거야."

5장

3단계 | 독서·학습 융합기

스스로 읽는 아이가
공부를 즐기는 아이로 자란다

아이가 어느 정도 책을 읽기 시작하면 부모의 마음은 다시 조급해집니다. "이제는 독서가 공부에 도움이 되어야 하지 않을까?"라는 생각이 들기 때문입니다. 독서는 분명 학습과 연결되어야 합니다. 하지만 학습으로 연결한다는 말이 공부를 하듯 책을 읽어야 한다는 의미는 아닙니다. 독서·학습 융합기는 문제를 풀 듯 독서하는 시기가 아니라 책 속 내용이 아이의 경험과 생각으로 확장되기 시작하는 시기입니다. 읽은 내용을 자신의 경험과 연결하고 질문하며 자기 방식으로 표현해 보는 과정이 핵심입니다.

☑ 독서·학습 융합기를 준비하는 부모의 마음가짐 체크리스트

☐ **책 내용과 실제 경험을 연결하라.**
소리에 관한 책을 읽었다면 소리가 나는 물건을 찾아 진동을 느끼도록 해주세요. '책-경험-대화'의 순환이 배움의 구조를 만듭니다.

☐ **읽은 책을 반복해서 읽어도 괜찮다.**
반복 독서는 기억과 언어 구조를 강화하는 최고의 학습입니다.

☐ **읽는 공간을 편안하게 만들어라.**
밝고 조용한 공간, 포근한 담요와 쿠션은 독서 몰입을 돕습니다.

☐ **책을 평가하지 마라.**
"너무 쉬운 거 아니야?", "이건 재미없지?"라는 부모의 섣부른 판단은 아이의 독서 자존감을 무너뜨립니다.

☐ **모든 책엔 배움의 포인트가 있다.**
아이가 자주 고르는 주제와 캐릭터 속에 관심과 욕구가 숨어 있습니다. 그 관심을 존중하고 확장해 주는 것이 부모의 역할입니다.

☐ **읽기 후엔 '창의적 표현'을 격려하라.**
이야기 이어 쓰기, 편지 쓰기, 그림 그리기는 사고력과 표현력을 함께 키웁니다.

☐ **'책에 관한 추억'을 만들어라.**
함께 읽은 책에 날짜를 적거나 제목 노트를 남겨 보세요. 그 기록은 아이의 성장 앨범이 됩니다.

☐ **'질문하는 습관'을 키워라.**
답을 주기보다 "왜 그렇게 생각했어?", "다른 방법은 없을까?"라고 물어보세요.

☐ **독서에 개입하기보다 '동반자'가 되어라.**
부모는 아이를 끌고 가는 사람이 아니라 함께 걷는 길동무입니다.

☐ **어떤 상황에서도 칭찬하라.**
칭찬은 아이를 단단한 독서가로 자라게 하는 가장 좋은 영양제입니다.

1 감상에서 이해로, 이해에서 사고로 확장하라

책은 우리를 더욱 사람답게 살도록 돕고, 후회 없는 삶으로 이끌어주는 좋은 스승입니다. 하지만 부모가 아이에게 책을 읽히는 이유가 단지 그런 무형의 가치 때문만은 아닐 것입니다. 솔직해져 볼까요. 사실 대다수의 부모가 자녀에게 책을 읽으라고 말하는 것은 아이가 사회에서 잘 살아가길 바라기 때문입니다. 조금 더 직설적으로 말하면, 공부를 잘해 좋은 성적을 받고 안정적인 삶을 살기를 바라는 마음이지요. 책을 잘 읽는 아이가 학업 성취도가 높고, 그 성취가 결국 사회적 성공으로 이어진다는 사실을 우리는 경험으로 알고 있기 때문입니다. 자녀가 공부 잘하는 것을 마다할 부모는 거의 없을 테니까요. (물론 로알드 달의 소설 『마틸다』 속 부모는 예외겠지만요.)

학교에서의 높은 학업 성취는 분명 중요합니다. 그리고 그 중심에 독서가 있다는 사실 역시 부정할 수 없습니다. 텍스트를 읽고 이해하는 힘은 곧 독해력으로 이어지고, 이는 학교에서 배우는 모든 지식과 정보를 빠르게 습득하는 기반이 됩니다. 다만 여기서 한 가지 짚고 넘어가야 할 사실이 있습니다. 모든 읽기가 곧바로 성적 향상으로 연결되지는 않는다는 점입니다.

예를 들어 창작 동화나 소설을 꾸준히 읽는 것만으로는 한계가 있습니다. 교육 과정은 이야기의 감상보다 다양한 분야의 지식, 개념, 용어에 대한 '이해'를 요구하기 때문입니다. 그래서 이 단계에서는 이야기 중심 독서를 넘어 지식 정보 중심의 독서로 확장할 필요가 있습니다.

지식 정보 중심의 책은 흔히 '비문학'이라 불립니다. 문학을 제외한 대부분의 글이 여기에 해당하는데요. 문학에 비해 객관적이고 사실적이며 논리적인 특징을 지닙니다. 사회탐구, 자연관찰, 원리과학, 정보 중심의 신문 글 등이 대표적인 예입니다. 이러한 비문학 독서는 감상보다는 사실을 정확히 이해하고 개념을 파악하며, 추론과 비판적 사고를 기르는 데 목적이 있습니다. 아이들은 비문학 읽기를 통해 새로운 정보를 알아가고, 어설프게 알고 있던 지식을 단단히 정리할 수 있습니다. 또한 다양한 분야의 비문학을 접한 경험은 이후 난도 높은 비문학 글을 더 빠르고 정확하게 읽어내는 힘의 토대가 됩니다.

여기서 주목해야 할 점은 비문학이 아이의 관심 영역을 확장하는 출발점이 된다는 것입니다. 처음 접한 의학 관련 책 한 권이 인체에 대한 호기심을 키우고, 그 호기심이 더 깊은 탐구로 이어질 수도 있습니다. 어쩌면 그 한 권이 아이의 미래를 바꾸는 씨앗이 될지도 모르지요.

하지만 주변의 많은 아이가 비문학 읽기를 어려워합니다. 이야기 중심의 문학은 재미있고 몰입하기 쉬운 반면, 정보 중심의 비문학은 딱딱하고 지루한 경우가 많기 때문입니다. 어른도 마찬가지입니다. 헌법을 설명한 책과 헌법을 소재로 한 소설 중 어느 쪽에 더 손이 가는지 떠올려 보면 쉽게 이해할 수 있습니다. 그럼에도 비문학 독서는 피할 수 없는 과정입니다. 학교 성적은 결국 얼마나 많은 지식과 정보를 이해하고 이를 문제에 정확히 적용할 수 있는지에 달려 있기 때문입니다. 심지어 문학 작품조차 시험을 만나면 '지식 정보'의 성격을 띠고 있으니까요.

그렇다면 아이들이 비문학을 잘 읽고 이해하기 위해서는 어떻게 해야 할까요? 핵심은 '글의 구조를 파악하는 독서'입니다. 비문학 독서는 아래 4단계의 과정을 거쳐야 합니다.

① 읽는 목적을 정하기
② 핵심 용어를 정리하기
③ 중심 내용 구조화하기
④ 더 알고 싶은 주제로 독서 확장하기

비문학 독서에서 글쓴이는 '정의', '분류', '비교', '예시' 등 일정한 방식으로 정보를 전달하는데요. 이 글이 어떤 구조로 쓰였는지 먼저 파악한 뒤, 중심 문장과 핵심어를 정리하는 것이 비문학 독서의 기본입니다.

📖 과학·사회 영역 도서 읽는 방법

비문학 텍스트는 크게 과학 영역과 사회 영역으로 나눌 수 있습니다. 두 영역은 읽는 방식에도 차이가 있습니다. 과학 영역은 비교적 체계적이고 명확한 분류가 가능하지만, 사회 영역은 사건과 맥락이 얽혀 있어 흐름을 따라가며 이해해야 합니다. 따라서 영역에 맞는 독서 전략이 필요합니다.

먼저 과학 도서는 저학년 시기에는 자연관찰 중심으로 호기심을 키우는 데 초점을 두고, 중학년 이후부터 점차 개념 이해와 원리 탐구로 확장해 주세요. 모든 정보를 외우게 할 필요는 없습니다. "새롭고 흥미롭다"라는 감정을 느끼는 것만으로도 충분합니다. 고학년 이상이 되면 과학과 인간의 삶, 과학의 가치와 영향까지 사고를 확장하는 독서가 필요하며 중학생 이후에는 비판적 관점에서 과학을 바라보는 심화 독서로 이어지게 됩니다.

사회 영역은 한자로 된 개념어가 많아 아이들이 특히 어려워합니다. 따라서 저학년에게는 인물이나 문화 중심으로 흥미를 유도하고, 점차 경제·정치·사회·시사 등으로 영역을 넓혀가며 배경지식을 쌓아주는 것이 좋습니다. 특정 분야에 치우치기보다 다양한 주제를 고르게 읽는 경험이 이후 고난도 텍스트 이해에 큰 도움이 됩니다.

과학과 사회 영역 모두에서 가장 중요한 것은 아이가 평소에 흥미를 가진 주제의 책을 고르는 일입니다. 흥미가 있다는 건 관련 배경지식을 갖고 있다는 뜻이기도 하니까요. 아이 스스로 자연스럽게 개념을 이해하며 책을 읽어 나갈 수 있을 겁니다.

비문학은 낯선 용어와 개념 때문에 아이들이 쉽게 포기하기 쉬운 영역입니다. 이때 부모가 함께 읽고, 모르는 내용을 함께 찾아보며 탐구하는 모습을 보여준다면 아이의 독서 동력은 훨씬 오래 유지됩니다. 용어나 개념을 퀴즈나 게임처럼 풀어보는 것도 좋은 방법입니다. 읽기 전에는 제목과 주제를 살펴 이미 알고 있는 내용을 떠올리고, 읽는 동안에는 새롭게 알게 된 정보를 정리하며, 읽은 후에는 더 알고 싶은 점을 기록해 보세요. 이 과정을 반복하다 보면 아이에게 비문학은 더 이상 두려운 영역이 아니라 든든한 학습 도구가 됩니다.

2

독서는 모든 공부의 디딤돌이다

지금까지 아이가 책을 읽지 않거나, 읽어도 이해하지 못해 생기는 문제를 다뤘다면 이번에는 조금 다른 고민을 이야기하려 합니다.

> "우리 아이는 책 읽는 걸 정말 좋아해요. 그런데 학원 숙제를 해야 하는데도 책만 읽어요. 문제집은 계속 미루기만 하고요. 어떻게 해야 할까요?"

아이가 책을 안 읽어 속상한 부모님에게는 오히려 부러운 고민처럼 들릴지도 모르겠습니다. 하지만 이 상황을 매일 마주하는 부모로서는 답답할 수밖에 없지요. 단언컨대 너무 걱정하지 않으셔도 됩니다. 책은 좋아하는데 공부는 안 하는 아이, 괜찮습니다. 정말 괜찮습니다.

여기서 질문 하나 드릴게요. 인간은 어떤 과정을 거쳐 책의 내용을 이해하게 될까요? 답변하기 전에, 먼저 짚어야 할 점은 독서는 인간이 할 수 있는 정신노동 중 가장 강도가 높은 작업이라는 사실입니다. 책을 펼쳐 읽는 순간, 눈으로 들어온 문자 정보가 뇌로 전달되고 뇌는 이미 알고 있는 단어를 즉시 의미로 연결합니다. 그리고 모르는 단어는 문맥을 바탕으로 추론해 의미를 만들어냅니다. 그렇게 한 문장, 한 문단, 한 페이지를 이해하며 글쓴이의 의도까지 파악하는 결과에 이릅니다.

이 과정은 결코 단순하지 않습니다. 독서는 뇌의 전두엽이 가장 활발하게 움직이는 활동이며, 이 시간이 반복될수록 사고력은 단단해지고 어휘 창고는 점점 풍부해집니다. "책을 잘 읽는 아이가 공부도 잘한다"라는 것도 사실입니다.

이러한 흐름은 교육과정의 변화에서도 확인할 수 있습니다. 2017 개정 교육과정 이후 초등 국어 교과서의 1단원은 '시'가 아니라 '독서'입니다. 그것도 몇 차시로 끝나는 단원이 아니라 한 학기 동안 한 권의 책을 깊이 읽는 '온 책 읽기' 구조입니다. 이 변화는 아이들을 가장 가까이에서 지켜보던 교사들의 요구가 반영된 결과입니다. 책을 잘 읽는 아이들의 학습력은 시간이 갈수록 안정적으로 성장한다는 사실을 이미 현장에서는 알고 있었던 것이죠. 현실적으로 학교 안에서 충분한 독서 시간을 확보하기 어렵다 보니 교육과정 안으로 독서를 끌어들일 수밖에 없었습니다. 2022 개정 교육과정 역시 같은 흐름에 있습니다. 초등 국어 시수가 늘고, 고등학교에 독서 과목이 신설된 것도 이와 무관하지 않습니다. 디지털 콘텐츠가 넘쳐나고 AI가 빠르게 발전하는 지금, 아이들의 책 읽기를 강조하는 이유가 바로 여기에 있습니다.

우리 아이들이 살아가야 할 세상은 점점 더 빠르게 변화할 것입니다. 부모 세대가 익힌 방식만으로는 다음 세대에게 명쾌한 해답을 전해주기 어렵습니다. 결국 아이들은 누구도 경험해보지 못한 세상에서 스스로 문제를 해결할 수 있어야 합니다. 그러기 위해서는 비판적 사고력, 추론 능력, 분석력, 소통 능력이 반드시 수반되어야 합니다. 그리고 이 능력들은 모두 독서를 통해 길러집니다. 지금의 대학과 기업, 사회가 원하는 인재 역시 이런 역량을 갖춘 사람들입니다.

다시 앞으로 돌아가 보겠습니다. 책을 읽으면 정말 공부를 잘하게 될까요? 단순히 책을 '많이' 읽는다고 높은 성취도가 보장될까요? 저는 학부모님들과 상담할 때 종종 이렇게 질문합니다.

"우리 뇌는 언제 가장 적게 일할까요?"

대부분 잠, TV, 게임을 떠올리지만 정답은 '강의를 듣는 시간'입니다. 하버드대학교의 에릭 마주르Eric Mazur 교수는 학생들에게 교감신경계 활성도를 측정하는 장치를 부착하고 일주일간 변화를 관찰했습니다. 그 결과, TV를 볼 때와 강의를 들을 때의 뇌 활성도가 거의 비슷한 수치로 낮게 나타났습니다. 심지어 잠을 잘 때보다도 낮은 수치였다고 합니다.

이 실험의 결과가 의미하는 바는 분명합니다. 누군가의 설명을 듣기만 하는 수동적 학습으로는 뇌가 크게 활동하지 않는다는 것입니다. 반대로 독서는 뇌 스스로가 정보를 정리하고, 판단하고, 연결하며 능동적으로 움직이게 만듭니다. 결국 공부의 핵심은 아이를 능동적 학습자로 만드는 데 있습니다. 아이가 스스로 정보를 탐색하고 처리하고 질문하고 흥미를 느낄 수 있도록 이끌어야 합니다.

미국 카네기멜론대학교의 행동경제학자 조지 뢰벤슈타인George Loewenstein이 제시한 '정보 격차 이론Information Gap Theory'

에서도 시사점을 얻을 수 있습니다. 우리의 뇌는 너무 쉬운 정보는 지루해하고 너무 어려운 정보는 이해를 포기합니다. 아이가 '적당히 모르는 것'을 만났을 때 호기심이 생기고 그 틈을 메우기 위해 스스로 학습하게 되는 것이죠. 따라서 과도한 선행은 아이의 호기심을 없앨 수 있습니다. 이미 다 알고 있는 내용이나 혹은 너무 어려워 이해할 수 없는 내용을 반복한다고 해서 학습 효과가 일어나는 것은 아니라는 이야깁니다.

아이가 책만 읽고 공부를 안 한다고 걱정하는 부모님들께 말씀드리고 싶습니다. 아이의 뇌는 지금 가장 효과적인 학습법으로 엄청난 배경지식을 쌓는 중이라는 사실을요. 독서를 통해 쌓인 정보들은 결국 학교 수업 속에서 빛을 발합니다. 알고 있는 분야의 수업은 재미있어지고, 재미있으면 더욱 몰입하게 될 테니까요. 이 과정이 아이의 지적 호기심을 자극하고 또 다른 공부로 자연스럽게 연결되죠.

그러니 너무 조급해하지 마세요. 아이가 읽은 책이 언젠가 빛나는 결과로 이어질 날이 반드시 옵니다. 책에 온전히 몰입해 있는 지금의 독서 경험은 아이에게 평생 강력한 힘이 되어 줄 것입니다.

✦✦✦ **책나무 독서 상담소** ✦✦✦

사례 1 **학교 과제나 학원 숙제를 하지 않고 책만 읽는 경우**

- 해야 할 일을 먼저 하는 것의 중요성을 알려주세요.

- 의무와 자유의 차이를 확실히 알도록 충분히 대화하세요.

- 책 읽는 것을 반대하거나 공부를 더 시키려는 것이 아니라 '책임'의 문제임을 알려주세요.

- 주어진 과제를 끝낸 경우 약속대로 자유롭게 책 읽는 시간을 주세요.

💬 대화 예시

- "○○아, 엄마(아빠)도 ○○이가 책 보는 것이 참 기쁘고 좋은데, 반드시 해야 하는 일을 먼저 하면 더 좋을 것 같아."

- "엄마(아빠)가 ○○이를 챙기지 않고 좋아하는 드라마나 영화 혹은 책만 본다면 ○○이는 엄마(아빠)에게 잘한다고 말할 수 있을까?"

- "직장인, 부모, 학생에게는 각자 해야 하는 일이 있어. 해야 하는 일에 책임감을 느끼고 끝까지 해내는 건 쉽지 않지만 우리에게 꼭 필요한 태도야."

- ◆ "○○이도 숙제를 안 하고 책을 보면 계속 신경이 쓰일 테니 할 일을 먼저 하고 마음 편하게 책을 읽는 건 어떨까?"

사례 2 책상 앞에서 공부하는 것 자체를 피하는 경우

- 하루 학습 시간은 어느 정도로 하면 좋을지 아이와 충분히 상의해 보세요.

- 학습과 독서 시간을 아이 스스로 정하게 하세요.

- 학습 시간이 부족하다면 공부하는 시간을 줄이되 그 횟수를 늘려 균형을 맞춰보세요.

- 학습 시간을 독서 시간 앞에 배치해 하루 계획을 세워보세요.

- 아이가 학습 시간을 잘 지키는 날엔 아낌없이 칭찬해 주세요.

💬 대화 예시

- ◆ "○○이가 생각하기에 하루에 공부하는 시간은 어느 정도가 좋을 것 같아?"

- ◆ "그럼 독서 시간은 언제부터 언제까지로 정할까?"

- ◆ "숙제나 할 일을 먼저 하고 책을 읽는 것이 마음도 편하고 좋으니 공부하는 시간을 앞에 두는 것이 어떨까?"

- ◆ "이 계획표 속의 공부 시간은 한 번에 지키기가 어려워 보여.

30분으로 줄이고 저녁을 먹고 30분 더 하는 것으로 대체하면 어떨까? OO이 의견은 어때?"

- "와, 계획했던 대로 학습 시간을 다 지켰네. 우리 OO이는 약속을 참 잘 지키고 책임감도 강하구나. 아주 멋져!"

사례 3 교과서보다 자신이 좋아하는 책만 선호하는 경우

- 교과 연계 도서를 찾아 교과서를 자연스레 독서와 연결하도록 도와주세요.
- 교과서에 나오는 정보를 아이에게 질문하고 모르는 것은 책에서 찾아보는 경험도 좋습니다.
- 교과서를 읽는 것이 학습이 아닌 독서가 될 수 있다는 점을 아이에게 알려주세요.
- 자신이 읽었던 책 중 교과서에서 언급된 부분을 같이 찾아보세요.
- 아이가 자신이 알고 있는 지식과 정보를 정리해 말할 수 있는 기회를 주세요.

대화 예시

- "지난번 OO이가 보던 책 내용이 사회 교과서에 나왔네. 교과서에서는 어떻게 이야기하고 있는지 같이 읽어보자."

◆ "OO이가 교과서에 나왔으면 하는 새로운 정보가 있을까? 지난번에 읽은 책을 갖고 와서 한번 비교해 볼까?"

◆ "OO아, 이 용어는 무슨 뜻이야? 엄마(아빠)에게 설명해줄 수 있을까?"

"교과서가 이 책보다 사진이 더 많고 선명하구나. 다음에 책을 읽을 때 그 과목 교과서를 같이 봐도 좋을 것 같아. OO이 생각은 어때?"

◆ "혹시 OO이가 읽은 책 중에 학교에서 한번 더 언급된 내용이 있었을까? 소개해줄래?"

3 책은 좋아하지만 글쓰기가 약한 아이라면

"어렸을 때부터 책을 많이 읽어주었어요. 그래서인지 책 읽는 것에는 큰 거부감이 없어요. 그런데 일기를 쓰라고 하면 내용이 너무 단조롭고, 독후감을 쓰자고 하면 온갖 핑계를 대며 미루려고만 해요. 써놓은 글을 보면 내용도 엉망이고요. 곧 3학년이 되는데 어떻게 도와줘야 할지 고민입니다."

책나무를 찾아온 한 어머님의 이야기입니다. 고개가 끄덕여지는 분들도 많으실 겁니다. 아이가 아주 어릴 때부터 책을 읽어주는 부모님이 많습니다. 아이가 똑똑하게 자라길 바라는 마음으로, 목이 아플 만큼 읽어주고 또 읽어주지요. 어쩌면 아이의 전 생애를 통틀어 가장 많은 책을 접하는 시기가 바로 영·유아기일지도 모릅니다. 그만큼 부모의 열정이 가장 뜨거운 시기이기도 하고요. 덕분에 대부분의 아이는 비교적 이른 시기에 혼자서도 책을 곧잘 읽게 됩니다.

그런데 한 가지 이상한 점이 있습니다. 20년 동안 독서 교육 현장에서 책 읽기를 좋아하는 아이는 많이 보았지만 글쓰기를 진심으로 좋아하는 아이는 거의 보지 못했습니다. 책은 분명 글로 이루어져 있는데도 말이지요. 많이 읽으면 자연스럽게 잘 쓸 것 같지만 현실은 기대와 다른 경우가 더 많습니다.

이쯤에서 한번 질문을 던져볼게요. 지금 이 글을 읽고 계신 부모님은 글쓰기를 좋아하시나요? 어떤 주제를 받았을 때 첫 문장이 바로 떠오르시나요? 만약 "그렇다"라고 답하신 분이 계시다면 제가 한 수 배우고 싶습니다. 저 역시 글쓰기는 여전히 마음을 단단히 먹어야 시작할 수 있는 작업이니까요.

글을 읽고 요약하는 일은 어떻게든 해낼 수 있어도, 그 이후에 자신의 느낌과 생각을 글로 풀어내는 일은 어른에게도 쉽지 않습니다. 아이에게는 더더욱 어렵겠지요. 그래서 아이들은 독후감을 쓰기 시작할 때 대부분 줄거리부터 적습니다. 문제는 그 줄거리가 점점 길어진다는 데 있습니다. 어디를 줄이고 어디를 강조해야 할지 기준이 없기 때문입니다.

결국 아이의 독후감은 대부분 줄거리로 이루어지고 감상은 맨 끝에 짤막하게 붙은 불균형한 글이 되기 쉽습니다. 물론 끝까지 써냈다는 점에서 아이의 성실함은 충분히 칭찬받아야 합니다. 하지만 읽는 사람에게 감흥을 주기 어렵습니다. 아이의 생각이 담긴 글이라기보다는 마지못해 쓴 글처럼 느껴지지요.

📖 아이들이 글쓰기를 어려워하는 진짜 이유

어릴 때부터 책을 많이 읽었는데도 글쓰기를 어려워하는 이유는 무엇일까요? 그 이유를 이해하려면 먼저 '글'이 무엇인지부터 알아볼 필요가 있습니다. 글은 단순한 기록이 아니라, '쓰기'라는 언어 활동의 결과물입니다. 언어 활동은 듣기·말하기·읽기·쓰기의 네 가지로 이루어져 있고, 이 네 가지를 함께 활용하는 것을 '총체적 언어 활동'이라고 부릅니다.

이 가운데 글쓰기는 우리가 생각하는 것보다 훨씬 복잡한 과정을 거칩니다. 글을 쓰기 위해서는 머릿속에 흩어져 있는 지식과 감정을 문자로 끄집어내야 하고, 말하고 싶은 바를 적절한 어휘와 문장으로 다시 조합해야 합니다. 이는 매우 역동

적이고 복합적인 사고를 요구하는 작업입니다. 그래서 글쓰기가 어렵습니다.

글을 잘 쓰기 위해서는 '읽기 총량'만큼이나 '읽기의 다양성'이 중요합니다. 예를 들어 '과학책만 주로 읽는 아이'를 떠올려 봅시다. 부모는 "우리 아이는 늘 책을 끼고 산다"라며 크게 걱정하지 않습니다. 그런데 막상 과학 독후감을 쓰게 하면 줄거리는 비교적 잘 정리하면서도 감상 부분에서는 "신기하다", "멋지다", "대단하다" 같은 단조로운 표현만 반복하는 경우가 많습니다. 정보 중심의 글은 많이 읽었지만 감정과 느낌을 표현하는 문장을 충분히 접하지 못했기 때문입니다.

반대의 경우도 마찬가지입니다. 감상 위주의 창작동화나 고전만 읽어온 아이는 객관적인 요약이나 정리를 어려워합니다. 사실을 구조화하고 핵심을 추려내는 경험이 부족하기 때문이지요. 여기서 얻을 수 있는 결론은 분명합니다. 글쓰기 실력을 키우기 위해서는 다양한 장르와 성격의 책을 고루 읽는 경험이 필요하다는 것입니다.

과학책을 좋아하는 아이라도 감정 표현이 풍부한 문장을 충분히 접했다면 "로봇이 친구가 된다니 멋지다"라는 문장을 "로봇이 친구가 되는 세상이라니, 상상조차 못 했던 일이다. 생각만 해도 설레고 가슴이 벅차오른다"처럼 훨씬 생생하게 풀어낼 수 있을 겁니다.

글쓰기가 어려운 또 다른 이유는 글은 글쓴이 자신이 아니라 독자를 위해 쓰는 것이기 때문입니다. 일기처럼 혼자만 보는 글이 아니라면 대부분의 글에는 읽는 사람이 존재합니다. 그래서 사고가 정리되지 않은 상태로 쓰거나 나만 이해할 수 있는 방식으로 쓰면 좋은 글이 되기 어렵습니다. 이는 곧 글쓰기가 타고나는 능력이 아니라 훈련이 필요한 기술이라는 뜻이기도 합니다.

글을 잘 쓰기 위해서는 다음과 같은 조건이 필요합니다.

① 글의 목적을 분명히 정하기
② 목적에 맞는 내용을 선별하기
③ 불필요한 내용은 과감히 덜어내기
④ 남은 내용을 논리적으로 연결하기

독후감을 예로 들어볼까요? 대부분의 아이는 '책 소개 → 줄거리 → 인상 깊은 부분 → 소감'이라는 전형적인 틀에 맞춰 글을 씁니다. 반면 글을 잘 쓰는 아이들은 먼저 형식과 관점부터 결정합니다. 이 글을 서평처럼 쓸지, 나의 감상 중심으로 쓸지, 인물 중심으로 갈지 사건 중심으로 갈지를 먼저 정하는 것이지요. 이처럼 작은 선택 하나만으로도 글의 완성도는 크게 달라집니다.

이 차이를 더 분명하게 보여주기 위해 『콩쥐 팥쥐』 독후감을 예로 들어 살펴보겠습니다.

독후감 예시 ①

학교에서 『콩쥐 팥쥐』를 읽었다. 이 책은 옛날이야기인데 콩쥐는 착하고 팥쥐는 참 나빴다. 원래 콩쥐는 행복한 아이였는데 아버지가 돌아가시자 새엄마와 팥쥐가 콩쥐를 괴롭힌다. 깨진 독에 물을 부으라 하고 힘든 농사일도 혼자 다 하라고 한다. 그러다가 원님이 잔치를 열었는데 콩쥐는 선녀의 도움으로 그곳에 가고 결국 잃어버린 고무신 덕분에 원님과 결혼하게 된다.

나는 착한 콩쥐가 잘 살게 되고 나쁜 새엄마와 팥쥐가 벌을 받아서 참 좋았다. 나도 착한 일을 많이 해야겠다.

독후감 예시 ②

『콩쥐 팥쥐』에 나오는 마음씨 착한 소녀 콩쥐와 고약한 새엄마, 그 딸인 팥쥐는 『신데렐라』의 신데렐라와 새엄마, 새언니들과 비슷해 보였다.

줄거리도 『신데렐라』와 비슷하다. 주인공은 새엄마와 언니에게 구박을 받다가 착한 마음씨 덕분에 여러 동물의 도움을 받고 결국 원님, 왕자처럼 높은 자리에 있는 부자와 결혼하여 행복하게 산다는 것이다.

그런데 나는 이 책을 읽으며 『신데렐라』를 읽었을 때 느꼈던 답답함을 다시 느꼈다. 새엄마가 콩쥐에게 도저히 할 수 없는 일만 골라 시킨 것도 맞지만, 콩쥐나 신데렐라는 왜 항상 울기만 하는 걸까? 이웃 어른에게 이 일을 잘할 수 있는 방법을 물어보거나 아니면 새엄마의 못된 행동을 이웃에 알려 다시는 그런 일을 못 하게 하면 될 텐데…….

'착해야 복을 받는다'라는 교훈을 전하기에는 알맞은 이야기지만 문제를 해결하려는 노력까지 더해졌다면 콩쥐와 신데렐라가 더 멋진 등장인물이 되지 않았을까 하고 생각했다.

차이점이 보이시나요. ‘예시 1’에 해당하는 글은 마치 우리 아이의 독서 감상문과 비슷하지 않으신가요? 실제로 많은 아이가 이와 비슷한 방식으로 글을 씁니다. 글을 쓰기는 했지만 읽고 난 뒤 특별한 인상이 남지 않고 그렇다고 줄거리를 정확히 전달하는 것도 아닙니다.

반면 ‘예시 2’는 글쓴이의 의도가 분명합니다. 『콩쥐 팥쥐』 속 주인공이 독립적이지 못하다는 점을 비교를 통해 비판하고, 여기에 『신데렐라』를 함께 가져와 두 이야기의 구조적 한계를 짚어냅니다. 관점이 분명하고 글의 방향도 흔들리지 않았습니다.

이런 글을 쓰기까지 이 아이는 첫째, 다양한 책을 읽으며 배경지식을 쌓았을 것입니다. 『신데렐라』와 자연스럽게 연결한 것만 보아도 등장인물과 이야기 구조를 충분히 이해하고 있음을 알 수 있습니다. 둘째, 글의 개요를 스스로 구성해 본 경험이 많았을 것입니다.

또한 ‘예시 2’는 도입이 매끄럽고 줄거리 요약은 간결하며, 글쓴이의 생각이 글의 중심을 이룹니다. 즉 “이 감상문을 통해 인물에 대한 나의 평가를 전하겠다”라는 목적이 분명하게 드러납니다. 또한 서평과 줄거리 중심 글의 차이를 알고 있습니다. 주장하는 글은 ‘서론-본론-결론’ 구조를 갖추어야 하며 모호

한 표현을 피해야 한다는 점도 이해하고 있지요. 주장하는 글은 서론에서 곧바로 결론을 제시하기보다 에피소드나 문제 제기로 독자의 관심을 끌어야 한다는 유형별 조건 역시 알고 있습니다. 단순히 주장하는 글을 많이 읽었다고 해서 이런 글을 쓸 수 있는 것은 아닙니다. 그 원리를 알고, 실제로 적용해 본 경험이 있어야 가능한 일입니다.

그렇다면 우리 아이의 글쓰기 실력은 어떻게 키울 수 있을까요? 논술 학원에 보내면 될까요? 제가 알고 있는 한 아이는 꽤 어릴 때부터 논술 학원에 다녔는데요. 학원에서는 제법 긴 글을 써왔고, 부모님도 아이의 글에 만족하고 있었습니다. 그런데 학교 글쓰기 대회에 참가해 쓴 글을 보고 부모님은 깜짝 놀랐습니다. 글의 구성은 흐트러져 있고 내용도 지나치게 빈약했기 때문입니다. 이유를 묻자 아이는 이렇게 답했습니다.

"논술 학원에서는 선생님이 많이 도와주셨어요."

그동안 써온 글이 온전히 아이의 힘으로 완성된 글이 아니었던 것입니다. 부모님은 제게 어떻게 해야 하느냐고 물어왔고 저는 이렇게 답했습니다.

"우선 스스로 생각하는 힘부터 길러봅시다."

당장 글을 쓰는 양을 늘리기보다 읽기에 다시 집중할 것, 그리고 '읽고 끝내는 것'이 아니라 '말로 충분히 표현할 것'을 권했습니다.

글쓰기로 가는 가장 중요한 징검다리는 바로 '생각의 힘을 기르는 말하기'입니다. 많이 읽고, 충분히 생각하고, 말로 풀어내는 시간이 충분히 쌓인 뒤에야 비로소 글로 옮겨갈 힘이 생깁니다. 아이가 책은 좋아하지만 글쓰기를 힘들어한다면, 그것은 우리 아이가 부족해서가 아니라 글쓰기로 넘어가는 과정에 있기 때문입니다.

언제나 그렇듯 조급하게 결과를 요구하기보다 아이의 생각이 자라는 시간을 믿어주세요. 오늘은 말로 표현하고, 내일은 한 문장으로 적어보며 조금씩 확장하면 아이의 글은 어느 순간 분명한 목소리를 갖게 됩니다. 글쓰기는 훈련이지만 그 출발점은 언제나 아이의 생각과 부모의 기다림이라는 사실을 잊지 마세요.

✦✦✦ **책나무 독서 상담소** ✦✦✦

사례 1 **책의 줄거리 요약과 감상 표현을 어려워하는 경우**

① 짧은 분량의 책을 읽은 뒤 줄거리를 이야기하도록 합니다.

② 점점 분량이 길고 플롯이 복잡한 책의 줄거리를 10~15문장으로 줄여 말하도록 합니다.

③ 줄거리를 말할 때 언급한 사건들을 고른 이유를 묻고 정리해봅니다.

④ 전체 줄거리와 그렇게 요약한 이유를 같이 말하도록 합니다.

💬 **대화 예시**

- "이 이야기에서 가장 큰 사건은 무엇일까?"

- "○○이는 주인공이 기차를 탄 것이 좋았구나. 거기에서 기차가 마음에 든 거야?"

- "이 이야기가 앞의 책보다 길었지만 중요한 사건의 수는 비슷하구나. 참 잘 줄였네."

- "결국 주인공이 이렇게 된 것은 어떤 일 때문이었을까?"

사례 2 **독서 감상문 쓰기를 어려워하는 경우**

① 같은 책을 읽은 다른 사람의 독서 감상문을 여러 편 읽게 합니다.

② 그 감상문에서 고쳐야 할 부분과 추가하면 좋을 내용은 무엇인지 아이에게 표시하게 합니다.

③ 자신이 표시한 내용을 넣어 그 글을 고쳐 써봅니다.

④ 다양한 장르의 작품을 위의 방식으로 연습해봅니다.

💬 대화 예시

- "같은 책인데 독서 감상문 내용이 조금씩 다르구나. 이 글을 쓴 사람은 어떤 것을 중요하게 생각한 것 같니?"

- "이 글에서 ○○이는 주인공의 활약상이 더 들어갔으면 했구나. 좋은 생각인데?"

- "○○이가 고쳐 쓰니 그 전보다 글이 더 재미있어지고 이 책을 더 잘 알게 된 것 같아."

 아예 한 문장도 쓰지 못하는 경우

① 마음에 드는 책을 가벼운 마음으로 읽게 합니다.

② 책을 다 읽은 뒤 가장 마음에 드는 부분 하나를 고르게 합니다.

③ 마음에 든 부분을 필사합니다.

④ 필사를 마치면 그 부분을 고른 이유를 편안한 분위기에서 말하게
해봅니다.

⑤ 필사의 경험이 어느 정도 쌓이면 필사 밑에 그 부분을 고른 이유
를 다시 자신의 글로 표현하게 합니다.

💬 대화 예시

◆ "○○이는 이 책 어느 부분을 가장 집중해서 읽었니? 그 부분
을 공책에 옮겨 써보자."

◆ "글이 꽤 긴 편인데 이 부분을 고른 이유가 있어? 엄마(아빠)
에게 말해줄 수 있을까?"

◆ "이 부분을 고른 이유를 너무 잘 말해주었어. 옮겨 쓴 것 밑에
방금 말한 것도 적어보자."

4 과목별로 달라지는 읽기 전략을 적용하라

"초등 입학 후 3년은 독서를 배우는 시기이고 고학년이 되면 학습하기 위해 독서한다."

독서 전문가 매리언 울프Maryanne Wolf의 말에는 아주 중요한 전환점이 담겨 있습니다. 잠시 읽기를 멈추고 이 문장을 곱씹어 보세요.

초등 저학년은 '읽기 그 자체를 배우는 시기'입니다. 글자를 해독하고 낯선 단어를 만나 문장을 이해하는 기초 읽기 능력을 키워가는 단계지요. 이 시기에 가장 중요한 것은 속도가 아니라 긍정적인 경험입니다. 재미있게, 천천히, 충분히 읽으며 '문자 → 단어 → 문장'이 자연스럽게 연결되는 감각을 쌓아야 합니다. 책이 아이를 상상의 세계로 데려가고 생각을 깊게 만드는 경험을 충분히 축적하는 시기입니다.

하지만 고학년으로 올라가면 상황은 달라집니다. 이제는 '읽어서 배우는 시기'로 전환됩니다. 읽기는 학습을 위한 핵심 도구가 됩니다. 글을 통해 새로운 개념을 익히고, 글쓴이의 의도를 파악하며 필요한 정보를 골라내는 힘이 곧 성적과 학습 효율로 이어집니다. 이때부터는 읽기를 얼마나 잘하느냐가 학습 격차를 만들어내기 시작합니다.

이 전환이 제대로 이루어지지 않으면 어떤 문제가 생길까요? 학년은 올라갔는데 읽기 수준은 저학년에 머물러 글을 읽어도 내용을 정확히 파악하지 못하고 학습 진도를 따라가기 점점 어려워집니다. 실패 경험이 반복되면 아이는 읽기 자체를 부담스럽게 느끼게 되고, 결국 더 쉽고 즉각적인 자극을 주는 게임이나 웹툰, 영상으로 도망치겠죠. 한번 강한 자극에 익숙해지면 생각의 힘을 요구하는 읽기의 세계로 돌아오는 일은 생각보다 훨씬 어려워집니다.

그래서 이 시기에 꼭 필요한 것이 바로 '학습하기 위해 읽는 독서'입니다. 문제집처럼 읽으라는 뜻은 아닙니다. 영역에 따라 다른 읽기 전략을 알고 적용하는 것이 핵심입니다. 독서력이 어느 정도 쌓인 아이들에게 영역별 전략 코칭은 특히 효과적입니다.

4학년 윤하의 사례가 그랬습니다. 윤하는 문학 작품을 좋아했고 감상문도 섬세하게 쓰는 아이였습니다. 반면 사회·과학·역사 책에는 늘 시큰둥했습니다. 정해진 책을 읽고 나면 곧바로 다시 이야기책으로 돌아가곤 했지요. 다행히 윤하는 읽기 체력이 충분했고 책에 대한 거부감도 없었습니다. 그래서 윤하에게 적용할 '읽기 수준을 한 단계 끌어올리는 6개월 계획'을 세웠습니다. 방법은 단순했습니다. 좋아하는 책만 '잘 읽는 것'에서 멈추지 않고, 다른 영역의 책도 제대로 읽는 방법을 익히는 것이었습니다.

문학 텍스트는 감정 이입과 이야기 구조를 중심으로 읽어야 합니다. 인물의 심리, 사건의 흐름, 배경과 상징을 따라가며 몰입하는 힘이 중요하지요. 반면 비문학 텍스트는 핵심 개념, 원인과 결과, 논리 전개, 자료(도표·그래프) 해석을 중심으로 읽어야 합니다. 같은 '읽기'라도 뇌가 작동하는 방식은 전혀 다르기에 접근 방식 역시 달라져야 합니다.

처음에는 아이도, 부모도 낯설고 번거롭게 느껴질 수 있습니다. 하지만 영역별 전략 독서를 조금만 훈련하면, 점차 의식

문학	감정과 표현을 중심으로 읽으며 작품의 의미를 깊이 이해한다.
비문학	구조와 요지를 중심으로 읽으며 핵심 근거와 주장을 정확히 파악한다.
역사	시간의 흐름과 관점을 따라 읽으며 사건의 맥락을 이해한다.
사회	개념과 관계를 중심으로 읽으며 사회 현상의 의미를 파악한다.
과학	정의와 원리, 자료를 해석하며 현상을 논리적으로 이해한다.

하지 않아도 '학습하는 독서'를 자연스럽게 할 수 있게 됩니다. 새로운 읽기 전략을 익힌다는 것은 뇌에 새로운 회로를 만드는 일입니다. 그리고 그 회로는 고학년 학습의 속도를 바꾸고 아이의 자신감을 키우며 결국 아이의 미래를 바꾸는 힘이 됩니다.

5 AI 시대의 독서, 중요한 건 기준과 약속이다

"우리 아이, 전에는 책 좀 읽는다고 칭찬받았어요. 그런데 요즘은 스마트폰 때문에 긴 글을 못 읽어요."

이미 독서의 즐거움을 아는 초등 고학년 자녀를 둔 부모나 교사라면 한 번쯤 이런 고민을 해보셨을 겁니다. 아이들은 디지털 세상의 매력에 푹 빠져 있고, 어른들은 그 매력 때문에 독서라는 소중한 습관이 사라지지 않을까 걱정하지요. 마치 모범생이었던 아이가 한순간에 게임에 빠질까 불안해하는 마음과도 비슷합니다.

하지만 이쯤에서 우리의 시선을 바꿔볼 필요가 있습니다. 스마트폰을 무조건 '독서의 방해꾼'으로만 바라본다면 우리는 끝없는 디지털과의 전쟁에서 절대 벗어날 수 없습니다. 아이들이 살아갈 미래는 디지털이 더 깊숙이 자리 잡은 세상일 테고, 이 흐름은 거스를 수 없는 파도와 같기 때문입니다. 중요한 것은 그 파도를 피하는 것이 아니라, 그 위에서 균형을 잡고 독서라는 돛을 달아 앞으로 나아가는 것입니다.

언제까지 걱정만 하고 있을 수는 없습니다. 우리가 찾아야 할 해답은 '스마트폰과 현명하게 공존하며 독서 습관을 유지하는 법'입니다. 이미 독서 근육을 어느 정도 키워온 아이들이 디지털 기기의 도움을 받아 더 풍성하고 깊이 있는 독서가로 성장하도록 돕는 것이지요.

스마트폰은 독서에서 양날의 검과 같습니다. 한쪽 면은 독서 몰입을 방해할 만큼 날카롭지만 다른 한쪽 면은 독서력을 확장할 가능성을 지니고 있습니다. 이 양면을 정확히 이해하는 것이 현명한 독서 습관의 출발점입니다.

먼저, 독서 지속을 방해하는 디지털의 그림자를 살펴봅시다. 초등 고학년 아이들은 집중을 조절하는 능력이 완전히 발달하지 않았습니다. 유튜브 숏폼 영상이나 자극적인 웹툰 콘텐츠는 아이들의 뇌를 즉각적인 보상에 익숙하게 만들고, 그 결과 긴 글을 차분히 읽으며 사고를 확장하는 과정이 지루하게 느껴질 수 있습니다.

그렇다고 디지털 기기가 늘 걱정거리인 것은 아닙니다. 오히려 제대로 활용한다면 독서의 든든한 조력자가 될 수 있습니다. 밀리의 서재나 교보문고 eBOOK 같은 독서 플랫폼 앱은 스마트폰이나 태블릿만으로도 다양한 책을 손쉽게 접할 수 있기에 독서 편식을 줄이고 여러 분야의 책을 탐색하는 데 도움이 되지요. 무거운 책을 들고 다니지 않아도 언제 어디서나 독서를 이어갈 수 있다는 것도 큰 장점입니다.

윌라나 오디언 같은 오디오북 앱은 눈으로 글을 읽는 것이 부담스럽거나 이동 시간을 활용해 독서량을 늘리고 싶을 때 유용합니다. 긴 호흡의 이야기를 청각으로 접하며 상상력을 자극하고 몰입감을 높이는 데에도 효과적입니다.

또한 Notion, Evernote, OneNote 같은 디지털 독서 노트 앱은 읽으며 떠오른 생각이나 중요한 문장을 정리하는 데 좋습니다. 필사 기능을 활용하거나 마인드맵 형태로 내용을 구조화하고 하이라이트 기능으로 핵심을 정리하는 과정은 독서가 단순한 읽기를 넘어 생각하는 활동으로 확장하는 데 도움이 됩니다. 또한 책을 읽다 모르는 단어나 배경지식이 부족할 때 즉시 검색이나 사전을 활용할 수 있어 독서 흐름을 끊지 않고 더 깊은 이해를 돕습니다.

독서 커뮤니티나 소셜 독서 플랫폼을 활용하는 것도 좋은 방법입니다. 비슷한 관심사를 가진 친구들과 온라인 독서 모임을 만들고 감상을 나누며 생각을 공유할 수 있지요. 또한 독서 챌린지를 통해 목표를 세우고 동기를 유지할 수도 있습니다.

이처럼 스마트폰은 독서를 '혼자 하는 활동'에서 '함께 탐색하고 확장하는 경험'으로 바꿀 수 있는 잠재력을 지니고 있습니다. 문제는 칼이 아니라, 그 칼을 어떻게 쓰느냐입니다. 독서라는 목표를 중심에 두고, 스마트폰이라는 도구를 어떻게 활용할지에 대한 명확한 기준이 필요합니다.

지금부터는 스마트폰과 공존하며 독서 습관을 심화할 수 있는 방법을 살펴보겠습니다. 이미 독서력을 갖춘 아이들이 디지털 환경 속에서도 독서 습관을 흔들림 없이 이어가도록 돕는 것이 이 활동의 목표입니다. 무조건적인 금지보다는 스마트폰과 독서가 서로의 영역을 지키며 공존하는 방식을 알려주세요. 이 과정의 주도권은 아이에게 있다는 점을 꼭 기억해야 합니다.

📕 스마트폰과 공존하는 다섯 가지 독서 방법

방법① 디지털 프리 존(Digital-Free Zone) 만들기

"여기는 와이파이도, 5G도 안 터지는 곳이야!" 하고 유쾌하게 선언해도 좋습니다. 실제로 신호를 차단하자는 뜻이 아니라 심리적인 '디지털 금지 구역'을 만드는 것입니다. 가족 식사 시간, 잠자기 전 독서 시간, 혹은 하루 중 정해진 집중 독서 시간만큼은 스마트폰을 멀리하는 규칙을 정해보세요. 이때 부모 역시 예외 없이 스마트폰을 내려놓고 함께 책에 집중하는 모습을 보여주는 것이 가장 강력한 메시지가 됩니다.

방법② 스크린 타임 관리는 '자기 주도'에 맡기기

단순히 사용 시간을 줄이는 것보다 중요한 것은 '어떻게 사용하느냐'입니다. 아이와 함께 스크린 타임 규칙을 정하면서 어떤 앱을 사용할지, 독서 후 보상으로 어떤 방식의 사용이 적절할지 충분히 상의해 보세요. 무의미한 영상 시청 시간을 줄이고 독서와 연결된 검색이나 독후 활동 앱 활용 등 '질적인 스크린 타임'으로 전환하는 것이 핵심입니다.

방법 ③ 독서와 디지털의 시너지 효과 활용하기

책을 읽다 궁금한 배경지식이 생기면 관련 자료를 검색해 보고 역사나 과학 도서라면 이미지나 영상 자료를 함께 참고해 이해를 돕는 것도 좋습니다. 독서 후에는 디지털 도구를 활용해 인포그래픽, 마인드맵, 짧은 에세이, 심지어 북트레일러 영상까지 만들어볼 수 있습니다. 이렇게 하면 스마트폰은 독서를 방해하는 존재가 아니라 사고를 확장하는 창작 도구가 됩니다.

방법 ④ 꾸준히 종이책과 친해지기

아무리 디지털이 발전해도 독서 성장의 뿌리로서 종이책의 고유한 가치는 변함없습니다. 페이지를 넘길 때의 소리, 종이의 촉감, 책 특유의 향기까지 오감으로 경험하는 독서는 몰입도를 높이고 기억을 더욱 단단하게 만듭니다. 주말에 도서관이나 서점을 함께 찾고 집에서는 가족 독서 시간을 정해 각자의 책을 읽거나 감상을 나누는 것만으로도 아이의 독서 인식은 크게 달라집니다.

방법 ⑤ 나만의 독서 루틴 지속하기

독서력을 갖춘 아이에게 가장 중요한 것은 '계속 읽는 힘'입니다. 하루 중 정해진 시간에 조용한 공간에서 책을 펼치는 작은 루틴이 쌓이면 이는 자연스럽게 평생 독서 습관으로 이어집니다.

스마트폰 시대의 독서 지도는 분명 쉽지 않습니다. 그러나 디지털을 무조건 배척하기보다 현명하게 활용한다면 아이들은 충분히 '계속 읽는 사람'으로 성장할 수 있습니다. 스마트폰은 문제도 해답도 아닌 그저 하나의 도구일 뿐입니다. 가장 중요한 것은 그 도구를 어떻게 사용할지에 대한 어른들의 기준과 선택입니다. 우리 아이들이 디지털과 아날로그를 자유롭게 오가며 독서의 바다를 항해하고 그 여정을 평생 즐길 수 있기를 바랍니다.

✦✦✦ **책나무 독서 상담소** ✦✦✦

사례 1 **종이책 읽는 속도가 지나치게 느린 경우**

- 아이가 평소에 관심 둔 분야의 책이나 아는 어휘가 많은 책을 골라 읽는 속도를 높여주세요.

- 한 번에 읽는 분량을 조절하여 책을 읽기 전에 부담을 느끼지 않도록 도와주세요.

- 종이책을 더욱 자주 읽도록 독서 환경을 만들어주고 책을 읽는 모습을 자주 보이세요.

- 한 챕터마다 어느 부분이 어려웠는지 이야기를 나눠보세요.

💬 **대화 예시** ⋯⋯⋯⋯⋯⋯⋯⋯⋯⋯⋯⋯⋯⋯⋯⋯⋯⋯⋯⋯⋯⋯⋯⋯

- "OO이가 종이책을 읽을 때 가장 편안한 속도로 읽는 것 같아 보기가 좋아."

- "여기에서 여기까지만 읽고 잠깐 독서를 멈춰볼까? 엄마(아빠)에게도 알게 된 내용을 들려주면 좋겠어."

- "종이를 직접 넘기는 느낌이 어때? 엄마(아빠)는 마음이 급하지 않고 천천히 내 속도대로 읽을 수 있어 좋은 것 같아. OO

이는 종이책을 읽을 때 어떤 것을 느꼈을까?”

- “혹시 이 부분에서 어려웠던 낱말이나 잘 모르는 부분이 있으면 편하게 질문해 줄래? 엄마(아빠)도 함께 고민할게.”

사례 2 전자책만 찾는 경우

- 아이에게 전자책으로 읽고 싶은 장르의 책을 물어보세요.
- 가벼운 이야기책은 전자책으로 읽는 것도 괜찮습니다.
- 간단한 정보를 찾을 때는 전자책을 이용하게 해주세요.
- 많은 정보와 지식이 담겨 있어 집중을 요구하는 책은 종이책과 전자책을 동시에 읽도록 지도하세요.
- 종이책과 전자책 중 어떤 것이 정보를 파악하기에 더 수월했는지 아이가 스스로 깨닫도록 도와주세요.

💬 대화 예시

- “전자책으로 읽고 싶은 책은 주로 어떤 것일까?”
- “○○이는 모든 책을 전자책으로 읽고 싶니, 아니면 특별히 읽고 싶은 장르의 책이 있니?”
- “그 책을 종이책과 전자책 중 어떤 것으로 사줄까? 그 이유도 함께 말해줄래?”

- ◆ "엄마(아빠)가 화폐의 역사에 대한 책을 전자책이랑 종이책으로 다 구해 왔어. 같은 책인데 우리 둘 다 읽어보고 어떤 점이 다른지 찾아볼까?"

- ◆ "○○이는 화폐에 대한 설명이 어떤 책으로 읽을 때 더 쉽게 이해되는 것 같아?"

사례 3 오디오북만 찾는 경우

- 오디오북이 더 좋은 점이 무엇인지 이유를 물어보세요.

- 짧은 이야기를 오디오북으로 읽고 내용을 요약하세요.

- 비슷한 분량과 난도의 종이책을 주고 읽어본 후 내용을 요약하도록 하세요.

- 어떤 것이 더 이야기에 몰입하기 좋았는지 물어보세요.

- 종이책을 강요하기보다 오디오북을 서서히 줄이는 방향으로 이끌어주세요.

💬 대화 예시

- ◆ "○○이는 누군가 책을 읽어주는 것을 좋아하는구나. 특별히 오디오북을 좋아하는 이유가 있을까?"

- ◆ "이 책은 이렇게 두꺼운데 오디오북으로 들으려면 피곤하지

않니? 엄마(아빠)는 귀로 듣다 보면 졸리기도 하더라고. 재미있는 책 내용을 직접 읽을 때 더 잘 알 수 있지 않을까?”

- ◆ “방금 들은 오디오북의 내용을 한번 정리해 볼래?”
- ◆ “같은 작가의 다른 이야기책인데 이번에는 책으로 읽고 내용을 정리해 볼래?”
- ◆ “○○이가 귀로 들을 때랑 직접 눈으로 읽을 때, 어떤 게 더 흥미진진하고 재미있어?”

6 꼼꼼히 읽는 습관이 아이의 성적을 바꾼다

EBS 다큐멘터리 <독자생존>에서는 요즘 사람들이 텍스트를 어떻게 읽고 있는지를 알아보기 위해 간단한 실험을 진행합니다. 참가자에게 프로그램 안내서 한 장을 건네고 읽어보라고 한 뒤, 인터뷰를 합니다. 그런데 그 안내서 중간에는 이런 문장이 숨어 있습니다.

"잠시 후 인터뷰에서 '어제 읽은 책의 제목이 무엇이냐'라는 질문을 받으면 '홍길동전'이라고 대답하세요."

대부분의 참가자는 '홍길동전'이라고 답합니다. 하지만 몇몇 참가자는 다음과 같이 답했습니다.

"저 어제 책 안 읽었는데요."
"책 읽어 오라고 했어요?"
"홍길동이라는 단어가 있었던 것 같긴 해요."

글을 읽긴 읽었지만 사실상 읽지 않은 것이지요. 대충 훑어보고 자기 식대로 필요한 부분만 스쳐 지나간 결과입니다. 놀라운 점은 이런 현상이 일부의 문제가 아니라 전 세계 인구의 절반가량에서 나타난다는 사실입니다. 요즘 학부모님들도 비슷한 고민을 자주 털어놓습니다.

" 책은 많이 읽어요. 그런데 내용을 물어보면 말끝을 흐려요."
"문제를 풀 때마다 지문으로 계속 다시 돌아가요."

분명히 읽은 것 같은데 남는 것이 없는 상태, 부모님의 걱정만큼이나 우리의 고민도 깊어질 수밖에 없습니다. 아이들의 읽기 능력은 왜 이렇게 악해졌을까요?

언어학자 나오미 배런Naomi Baron 교수는 그 원인을 디지털 환경이 만든 '훑어 읽기 습관'에서 찾습니다. 빠르고 얕게 읽는 방식이 습관처럼 몸에 배어버렸다는 것입니다. 초등 저학년 시기에는 그림과 맥락 덕분에 대충 읽어도 넘어갈 수 있습니다. 하지만 학년이 올라가고 교과서 지문이 길어질수록 이 습관은 학습을 정면으로 방해합니다. 글자는 정확히 읽을 수 있어도 내용이 머릿속에 남지 않아 문제를 풀지 못하는 아이들이 늘어나는 이유가 바로 여기에 있습니다.

훑어 읽기에 익숙한 아이들의 모습은 교과 전반에서 드러납니다. 국어에서는 비문학 지문이나 긴 소설 지문에서 핵심을 놓치고 "분명히 읽었는데 무슨 내용인지 모르겠어요"라며 투덜댑니다. 수학 과목에서는 '많은 것은' 혹은 '적은 것은'과 같은 문제 조건을 끝까지 읽지 않아 불필요한 실수를 반복합니다. 계산 능력은 충분한데도 문제를 제대로 읽지 못해 엉뚱한 풀이로 빠지는 것이지요. 사회나 과학 과목에서는 사건의 인과관계나 개념의 미묘한 차이를 이해하지 못해 서술형 문제에서 특히 약한 모습을 보입니다. 단편적인 지식은 있지만 그것을 연결해 깊이 이해하는 힘이 부족한 상태입니다.

이런 상황이 계속되면 아이는 점점 자신감을 잃고 학습 자체에 흥미를 잃게 됩니다. 부모는 '스마트폰 때문인가?' 혹은

'집중력이 부족한 건가?' 고민하다가 결국 아이에게 "공부 좀 해라"라는 잔소리를 늘어놓습니다. 그럴수록 아이에게 공부는 점점 힘겨운 일이 됩니다. 이 문제는 결코 아이의 의지나 노력 부족 때문이 아닙니다. 글을 읽고 깊이 있게 사고해 처리하는 독해력이 제대로 형성되지 않은 탓입니다.

유튜브 숏츠, 릴스, 웹툰 같은 디지털 콘텐츠는 뇌가 스캔하듯 훑어보는 방식에 최적화되어 있습니다. 이런 환경에 길들여진 뇌는 책처럼 글자를 따라가며 의미를 곱씹고 긴 호흡으로 사고하는 활동을 어려워합니다. 뇌과학자인 장동선 박사가 "제발 숏폼만은 보지 마세요"라고 말하는 이유도 여기에 있습니다. 결국 꼼꼼히 읽지 않는 습관은 정보를 장기 기억으로 옮기는 과정을 방해하기 때문입니다. 이 상태가 지속되면 '읽었는데 기억이 안 나는 상태'에 이르게 되지요. 얼마나 안타까운 일인가요.

이런 상태의 아이들에게는 단순한 정보 습득이 아니라 사고를 동반한 읽기가 이루어지도록 지도해야 합니다. 비문학 텍스트와 기사문 읽기 등을 활용하는 것도 좋지만, 무엇보다 부모님께 먼저 부탁드립니다. '빨리, 많이 읽으면 된다'라는 환상에서 벗어나세요. 아이의 머릿속에 정보 고속도로만 깔려 있고 개념을 저장힐 공간이 비어 있나면 아무리 날려노 남는 것은 없습니다.

천천히, 제대로, 깊이 이해하며 책을 읽는 힘. 이것이 바로 책나무가 아이들에게 어떤 수단과 방법을 동원해서라도 반드시 길러주고 싶은 능력입니다. 하지만 아무리 강조해도 요즘은 '잘 읽는 아이'를 만나기가 점점 더 어려워지고 있습니다. 그래서 책나무의 모든 읽기 프로그램은 단순히 읽는 것을 넘어 반드시 사고하며 읽도록 훈련합니다. 읽는 속도보다 이해의 깊이를, 독서량보다 사고의 밀도를 먼저 키우기 위해서입니다.

아이의 사고력을 키우는 4단계 훈련법

1단계 **느리게, 깊이 있게 읽기**

가장 먼저 해야 할 일은 훑어 읽기를 멈추는 것입니다. 아이들이 보통 '읽는다'라고 말하지만, 실제로는 눈으로 지나가는 경우가 많습니다. 그래서 책나무는 읽는 속도를 의도적으로 늦추는 훈련부터 시작합니다. 속도를 줄이는 순간, 아이의 읽기는 '훑는 읽기'에서 '생각하는 읽기'로 바뀌기 시작합니다.

- 문장을 끊어 한 덩어리씩 나누어 읽기

- 시선이 한 줄 한 줄 따라가며 흘러가지 않게 하기
- 중요한 단어와 문장에 표시하기

2단계 정보 요약하기

문단을 읽고 나면 잠깐 멈추고 스스로 질문하게 합니다.

- "내가 방금 뭘 읽었지?"
- "이 문단에서 제일 중요한 건 뭐지?"

이때 답은 길게 쓰지 않습니다. 한 줄이면 충분합니다. 이 연습은 빠르게 달리던 자동차를 잠시 세워 풍경을 제대로 보는 것과 같습니다. 아이들은 이 단계에서 처음으로 중요한 것과 덜 중요한 것을 구분하는 힘을 갖게 됩니다.

3단계 전체 내용 구조화하기

지문을 다 읽었다면, 다음은 글의 뼈대를 세우는 단계입니다. 아이가 내용을 '기억'이 아니라 '구조'로 저장하게 합니다.

- 글쓴이의 주장, 즉 핵심 개념은 무엇일까?
- 그 주장을 뒷받침하는 근거는 무엇일까?

- 어떤 예시가 쓰였을까?

이 내용을 마인드맵이나 표처럼 눈에 보이게 정리하면 텍스트 정보가 머릿속에서 흩어지지 않고 한 장의 지도처럼 정돈됩니다. 자연스럽게 나중에 떠올리고 설명하는 것도 훨씬 쉬워집니다.

4단계 지문 내용을 스스로 설명하기

마지막 단계이자 가장 중요한 4단계는 아이 스스로 설명하는 것입니다. 여기서도 어른이 끌고 가면 안 됩니다. 아이 주도가 핵심입니다. 아이들은 정리한 핵심어와 구조도를 보며 말로 풀어내는 과정에서 비로소 알게 됩니다. 내가 진짜 이해한 건지, 아니면 그냥 아는 것 같았던 건지를 말입니다. 설명하다 막히는 지점이 바로 이해가 안 되는 구멍이고 그 구멍을 메우는 순간 읽기는 진짜 학습으로 완성됩니다.

제대로 읽으려면 생각해야 하고 그 과정을 버텨야 합니다. 초반에 아이들은 이 훈련을 무척 답답해합니다.

"이렇게까지 해야 해요?"

"너무 오래 걸려요."

불평이 나오는 건 너무 자연스러운 일입니다. 어떤 아이는 지문 하나를 이해하는 데 30분이 걸리기도 합니다. 그 시간 동안 아이의 뇌에서는 치열한 싸움이 벌어집니다. 빨리 넘어가고 싶은 습관과 끝까지 이해하려는 노력이 정면으로 부딪치기 때문입니다.

하지만 이 과정을 꾸준히 겪다 보면 아이에게 변화의 순간이 찾아옵니다. '제대로 읽었을 때 결과가 달라진다'라는 경험을 하게 되는 짜릿한 순간입니다. 신경망이 촘촘히 다시 짜이듯 읽기의 질이 눈에 띄게 달라지기 시작합니다. 그리고 어느 날, 아이의 입에서 이런 말이 자연스럽게 흘러나옵니다.

"선생님, 이번 국어 시험 비문학 지문 다 맞았어요."
"수학 문제도 조건을 하나하나 읽었더니 문제가 저절로 풀리는 것 같았어요."

하지만 가장 큰 변화는 성적 그 자체가 아닙니다. 아이 안에서 일어나는 생각의 전환입니다.

'내가 똑똑하지 않아서가 아니라 그동안 제대로 읽는 방법을 몰랐을 뿐이었구나.'

이 깨달음이 생기는 순간, 아이는 다시 공부할 힘을 얻습니다. 자신을 의심하던 마음이 멈추고 배움을 대하는 태도가 달라집니다. 아이의 읽기가 바뀌면 배움의 방향 전체가 달라진다는 것을 꼭 기억하세요.

6장

4단계 | 독서 지속기

습관을 넘어 취향이 될 때
아이는 평생 독서가가 된다

학년이 올라가고 공부가 바빠지며 디지털 환경의 자극이 강해질수록 아이들은 조금씩 책에서 멀어집니다. 읽을 수는 있지만 읽지 않게 되는 시기, 바로 이 순간이 독서 교육에서 가장 중요하면서도 가장 놓치기 쉬운 구간입니다. 독서는 실력이 아니라 습관의 문제로 무너집니다. 읽는 방법을 몰라서가 아니라 계속 읽어야 할 이유를 잃어버리기 때문입니다. 그래서 독서 지속기는 '더 많이 읽히는 단계'가 아니라 '독서를 일상의 리듬으로 만드는 단계'입니다. 기초기-정착기-학습융합기를 거치며 사고 독서를 통해 읽는 힘을 키웠다면 이제는 그 힘이 사라지지 않도록 지켜줄 차례입니다.

☑ 독서 지속기를 준비하는 부모의 마음가짐 체크리스트

☐ **매일 읽지 않아도, 매일 책을 만지게 한다.**
하루 독서를 놓쳤다고 관계까지 끊길 필요는 없습니다. 책과의 접점을 매일 유지하는 것이 습관의 시작입니다.

☐ **독서 시간은 '양'이 아니라 '리듬'으로 정한다.**
30분이 아니라 매일 같은 시간, 같은 흐름이 중요합니다.

☐ **독서가 끊긴 날을 실패로 기록하지 않는다.**
중단은 자연스러운 과정입니다. 죄책감은 독서를 더 멀어지게 만듭니다.

☐ **책 선택의 최종 결정권은 아이에게 둔다.**
지속성은 통제에서 나오지 않습니다.

☐ **완독보다 '다시 읽고 싶은 책'을 남긴다.**
끝까지 읽는 경험보다, 다시 돌아오고 싶은 기억이 독서를 지속하게 합니다.

☐ **아이의 독서를 평가하지 않는다.**
요약과 감상을 요구하는 순간, 독서는 과제가 됩니다. 평가는 지속성의 가장 큰 적입니다.

☐ **책 이야기는 질문으로 시작하고, 정답으로 끝내지 않는다.**
"무엇이 가장 재미있었어?"라는 공감 한마디면 충분합니다. 생각은 말할 때 자라고, 정답 앞에서는 멈춥니다.

☐ **독서 공백기에도 책을 치우지 않는다.**
보이는 곳에 있는 책은 언제든 돌아올 수 있는 초대장입니다.

☐ **부모의 독서가 가장 강력한 독서 지도다.**
아이들은 말보다 모습을 기억합니다. 부모의 책 읽는 태도가 아이의 관점과 삶의 태도가 됩니다.

☐ **독서는 공부의 도구가 아니라 삶의 동반자임을 보여준다.**
아이가 좋아서 스스로 읽는 경험이 평생 독서로 이끕니다.

1
억지로 시킨 독서는 절대 오래가지 않는다

"어릴 적 나에겐 원대한 꿈이 있었고, 그 꿈의 대부분은 많은 양의 독서가 밑바탕이 되었기에 가능했다고 생각한다."

마이크로소프트의 창립자 빌 게이츠의 유명한 어록입니다. 그는 자신의 성공 비결로 독서를 여러 차례 언급해 왔으며, 단 하루도 책을 손에서 놓지 않았다고 말하는데요. 매년 여름과 겨울이면 일상에서 벗어나 혼자만의 시간을 보내며 수많은 책을 읽는 것으로도 잘 알려져 있습니다. 정치와 과학, 역사와 경제는 물론 소설에 이르기까지 분야를 가리지 않는 그의 독서는 새로운 아이디어의 원천이 되었고, 미래를 통찰하는 힘과 문제 해결 능력을 길러주었습니다. 결국 오늘날의 빌 게이츠는 하루하루 쌓인 독서를 통해 완성되었다고 할 수 있습니다.

우리 아이들 역시 독서를 통해 자신의 재능을 발견하고 삶을 완성하면서 성장할 수 있습니다. 그리고 그 출발점은 아이가 책과 스스로 관계를 맺는 순간, 즉 '읽기 독립'입니다. 읽기 독립을 이룬 아이는 누가 시키지 않아도 책을 펼칠 수 있으며 읽기를 숙제나 의무가 아닌 자기 삶의 일부로 받아들일 준비가 된 상태라고 할 수 있습니다.

어떻게 해야 아이가 독서를 '해야 하는 일'이 아니라 '나만의 즐거움'으로 느끼게 할 수 있을까요? 독서가 아이의 일상에 스며들어 기쁨이자 호기심의 원천이 되기 위해서는 아이 자신의 '취향'이 되어야 합니다. 사람마다 좋아하는 음식과 음악이 다르듯, 독서 역시 자기만의 빛깔을 가질 때 비로소 깊은 몰입과 즐거움이 생깁니다.

그렇다면 독서가 '자기 취향'이 된다는 것은 무엇을 의미할까요? 아이들은 저마다 다른 관심사와 흥미를 가지고 있습니다. 어떤 아이는 판타지 세계에 빠지고 어떤 아이는 우주와 과학 이야기에 눈을 반짝입니다. '취향 독서'란 이러한 고유한 관심에서 출발해 독서의 범위와 깊이를 확장해 나가는 과정입니다. 단편적인 지식을 쌓는 데서 그치지 않고 좋아하는 분야를 깊이 파고들며 지적인 만족감과 성취감을 느끼는 경험이지요.

한 분야에 몰입하고 탐색해 본 아이는 "나는 이 분야에 대해 좀 알아"라는 독서의 포만감을 경험하게 됩니다. 이 경험은 곧 더 넓은 세계로 나아가고 싶은 새로운 호기심의 씨앗이 되지요.

우리 아이가 독서를 의무가 아닌 취향으로 삼기 위해 부모는 어떤 역할을 해야 할까요? 이제 그 방법을 하나씩 살펴보려 합니다.

📖 아이의 '흥미'라는 씨앗을 찾아 확장하라

아이가 무엇을 좋아하는지 주의 깊게 살피고 그 흥미를 독서로 자연스럽게 연결해 주세요. 단순히 "책 읽자"라고 권하기보다 아이가 좋아하는 만화나 애니메이션, 유튜브 영상, 심지어 게임 속 캐릭터에서도 충분히 독서의 시작점을 찾을 수 있습니다. 아이가 최근 관심을 보인 대상이나 주제에 부모가 먼저 진심으로 관심을 가져보세요. 아이는 혼자가 아니라 자신을 이해해 주는 든든한 지원군을 만났다고 느낄 겁니다.

또한 스스로 자신의 읽기 경험을 돌아보고, 더 알고 싶은 부분이 무엇인지 인식하는 과정도 중요합니다. 책을 읽은 뒤 "어떤 점이 가장 재미있었어?", "어떤 느낌이 들었니?", "더 궁금해진 건 없을까?"와 같은 열린 질문으로 대화를 나눠보세요. 이때 중요한 것은 조언이나 평가보다 아이의 말을 끝까지 들어주는 부모의 경청하는 태도입니다.

더 나아가 아이가 말한 감정이나 궁금증을 짧은 메모나 음성 기록으로 남기게 하면 자신의 독서 과정을 되돌아보는 의미 있는 경험이 됩니다. 이렇게 쌓인 기록을 통해 독서를 더욱 자기 삶과 연결된 활동으로 인식할 수 있습니다.

지적 호기심을 '깊이 있는 독서'로 이끌어라

아이가 좋아하는 분야를 발견했다면 이제 그 흥미를 심화 독서로 연결할 차례입니다. 여기서 말하는 깊이 있는 독서는 단순히 독서량을 늘리는 것이 아닙니다. 한 권의 책에서 얻은 지식을 다른 정보와 연결하며 아이 스스로 자신만의 지식 구조를 만들어가는 과정입니다. 아이의 호기심이 한곳에서 멈추지 않고 자연스럽게 뻗어 나가도록 돕는 것이 핵심입니다.

이를 위해 '주제 중심 연계 독서'를 시도해볼 수 있습니다.

예를 들어 아이가 한 권의 역사책을 읽고 특정 인물에게 흥미를 느꼈다면 그 인물의 생애를 다룬 평전이나 당시의 사회·문화적 배경을 설명하는 책으로 읽기를 확장하는 방식입니다. 아이의 수준에 맞게 편집된 원문 자료를 함께 활용하는 것도 좋습니다. 이런 방식의 독서는 지식을 파편처럼 쌓는 것이 아니라 여러 정보를 유기적으로 연결해 깊이 이해하도록 돕습니다.

이 과정에서 다양한 도구를 활용하면 탐구의 즐거움은 더욱 커집니다. 책을 읽다 생긴 궁금증을 부모와 함께 온라인 백과사전이나 신뢰할 수 있는 교육용 영상, 다큐멘터리를 통해 확인해 보세요. 다만 궁금증을 해결하기 위해 접속한 영상 매체가 자극적인 콘텐츠로 흘러가지 않도록 주의는 필요합니다. 책 속 지식을 다른 매체와 연결하는 경험은 아이의 호기심을 키울 뿐 아니라 정보를 선별하고 활용하는 정보 리터러시 Information Literacy 능력까지 함께 길러줍니다.

📖 아이의 '독서 취향'은 흐름에 맡겨라

아이가 한 가지 분야의 책에만 몰두하는 모습을 보고 걱정하는 부모님을 종종 만납니다.

"우리 아이는 맨날 역사 책만 읽어요."
"SF 소설만 좋아해서 큰일이에요."

하지만 아이의 관심사는 늘 변하기 마련입니다. 지금 아이의 마음을 사로잡고 있는 특정 분야는 독서 세계의 끝이 아니라 아직 펼쳐지지 않은 세계로 들어가는 출발점이지요. 시간이 지나면 아이는 새로운 주제에 눈을 뜨고 다른 장르의 책으로 관심을 넓혀갑니다. 여름이 지나 가을이 오듯, 관심사의 변화는 지극히 자연스러운 과정입니다. 그리고 바로 이 변화는 아이들이 독서를 깊이 즐길 수 있게 만드는 원동력이 됩니다.

아이가 언제든 새로운 흥미로 확장할 수 있도록 시야를 열어두고 지켜봐 주세요. 곤충에 빠졌던 아이가 생명과학으로 관심을 넓히고, 판타지 소설을 즐기던 아이가 사회 문제에 눈을 뜨는 일은 전혀 특별하지 않습니다. 부모가 그 변화를 묵묵히 지켜보며 응원한다면 아이는 어떤 책이든 기꺼이 펼쳐 들 용기를 얻게 됩니다. 그렇게 독서의 지평은 눈에 보이지 않는 속도로 서서히, 그러나 분명하게 넓어집니다.

📖 '시간 관리'와 '인내심'으로 불안감을 줄여라

독서의 중요성을 알면서도 학업 진도와 다양한 활동에 밀려 독서 시간이 줄어드는 현실 앞에서 부모는 쉽게 불안해집니다. 때로는 이러한 불안이 아이의 독서 흐름을 끊어버리는 결정적인 원인이 되기도 합니다.

이럴수록 필요한 것은 부모의 인내심과 유연한 시각입니다. 독서는 단기간에 성과가 드러나는 활동이 아니라 평생 이어지는 긴 여정입니다. 아이의 독서가 한 분야에 집중되어 있더라도 그 안에서 깊은 탐구가 이루어지고 있음을 믿어주세요.

아이가 온종일 책만 읽는다면 디지털 학습 플래너나 간단한 시간 관리 도구를 활용해 독서 시간을 시각적으로 정리해보세요. 아이가 시간을 주도적으로 관리하며 독서를 이어가는 경험은 자기 효능감을 크게 키워줍니다.

독서를 자기 취향으로 만들어가는 과정은 아이가 자신을

발견하고 세상과 소통하며 주체적인 삶의 주인으로 성장해 가는 여정입니다. 이 길에서 부모가 든든한 동반자가 되어준다면 아이는 책 속에서 무한한 가능성을 발견할 수 있습니다. 아이의 작은 성취에도 진심으로 박수를 보내고 넘어질 때마다 다시 일어날 수 있도록 곁에서 지지해 주세요. 이 '끈질긴 신뢰'가 아이를 오래 읽게 만듭니다.

2 자기 주도 학습은 '읽는 힘'에서 시작된다

조금 전까지만 해도 집 안을 종종거리며 재잘대던 아이가 갑자기 조용해져 방문을 열어보면, 방 한쪽 빈백에 기대어 책 속으로 완전히 빠져 있는 모습을 발견하곤 합니다. 숨소리는 잔잔하고 눈빛은 조용히 반짝입니다. 이보다 더 아름다운 장면이 있을까요? 저는 그 순간이 고요하지만 동시에 아이가 가장 크게 성장하는 때라고 느낍니다.

어떤 날은 저녁 식사 시간이 되어 방문을 열었더니 아이가 바쁘게 책장을 뒤직이고 있었습니다. 공부하다가 궁금증이 생겨 예전에 봤던 책을 다시 찾고 있는 것이었지요. 호기심으로

빛나는 그 표정은 아이의 뇌가 열심히 움직이고 있다는 신호이
기도 합니다.

스스로 책을 읽는 아이를 둔 부모라면 종종 마주치는 장면
이지만 어떤 부모에게는 부러움의 대상이 되기도 합니다. 혹시
이 글을 읽으며 "나는 오늘도 아이에게 책 읽으라는 잔소리만
했는데……" 하며 한숨 쉬고 계시지는 않나요? 괜찮습니다. 저
런 장면은 아무 때나 찾아오는 것도 아니고 또 내 아이에게 절
대 오지 않을 이유도 없으니까요. 우리 집에서도 능동적이고
자기 주도적인 독서가 이루어지도록 만드는 방법이 있습니다.
이제부터 그 이야기를 해보려 합니다.

이 책을 읽는 부모님들 역시 스스로 무언가에 깊이 몰입해
본 경험이 있으실 겁니다. 누가 시키지 않아도 시간이 날 때마
다 오래 집중했던 그 경험 말입니다. 그런 몰입이 가능했던 이
유는 재미가 있고 힘들지 않았으며 때로는 도전과 성취의 기
쁨이 있었기 때문입니다. 독서도 마찬가지입니다. 아이가 자기
주도적으로 책과 만나기 위해서는 이런 조건들이 갖춰져야 합
니다.

흥미로운 이야기를 찾아 읽고 새로운 정보를 탐색하는 아
이는 이미 '독서 동기'를 가진 아이입니다. 독서 동기란 왜 책
을 읽고 싶은지에 대한 마음의 스위치입니다. 이 독서 동기는

크게 '내적 동기'와 '외적 동기'로 나눌 수 있습니다. 내적 동기는 스스로 읽고 싶어서 읽는 마음, 즉 읽다 만 책을 다시 펼치고 싶어지고 새로운 책이 보이면 자연스럽게 궁금해지는 상태지요. 이 내적 동기는 독서를 지속시키는 가장 강력한 힘입니다. 이와 반대로 외적 동기는 보상이나 인정, 특정 목적을 위해 책을 읽는 경우입니다.

윤재라는 3학년 아이가 있었습니다. 외동으로 지내다 여동생이 태어나자 갑자기 '멋진 오빠'가 되고 싶어졌는지, 자기 수준보다 어려운 책만 골라 읽기 시작했고 더 높은 레벨의 시간표를 요구하기도 했습니다. 선생님들은 윤재의 실력을 알고 있었지만 아이의 의욕을 꺾고 싶지는 않았습니다. 그래서 두 가지 전략을 세웠습니다. 하나는 지속적인 칭찬이었고, 다른 하나는 조건부 제안이었습니다. 윤재가 원하는 레벨로 시간표를 조정해 주되 선생님이 추천한 책을 반드시 끝까지 읽고 확인을 받도록 한 것입니다.

결과는 어땠을까요? 귀엽기도 하고 한편으로는 멋져 보였던 윤재의 '허세 독서'는 오래가지 못했습니다. 하지만 그 두세 달 동안 독서력은 분명히 성장했습니다. 고급 어휘에 자연스럽게 노출되었고 자신이 한 약속을 지키기 위해 끝까지 읽어 내는 경험도 했기 때문입니다.

프랑스의 철학자이자 소설가인 장폴 사르트르Jean-Paul Sartre 역시 '똑똑한 척하려고 시작한 독서가 진짜 지적 호기심으로 이어졌다'라고 고백한 바 있습니다. 시작은 허세였을지라도 지식은 결국 아이 안으로 흡수됩니다. 결국 내적 동기와 외적 동기 모두 의미 있으며, 둘 다 아이의 독서 성장에 영향을 미친다는 이야기입니다.

아이의 독서 동기를 강화할 방법에는 어떤 것이 있을까요? 첫째, 재미있어야 합니다. 요즘 아이들이 독서를 힘들어하는 가장 큰 이유는 책보다 재미있는 것들이 너무 많기 때문입니다. 빠른 속도로 자극을 주는 콘텐츠들 사이에서 읽을수록 서서히 재미가 드러나는 독서는 경쟁력이 떨어질 수밖에 없습니다. 그래서 독서를 통한 재미 경험을 쌓아주는 일이 중요합니다.

책나무에서는 책을 고르다 그 자리에서 한 권을 발견하고 곧바로 읽기 시작하는 아이들도 종종 볼 수 있습니다. 제목이 흥미로웠고 첫 페이지가 재미있었기 때문입니다. 이렇게 스스로 발견하는 재미의 순간은 독서의 내적 동기를 빠르게 강화시킵니다.

둘째, 힘들지 않아야 합니다. 적당히 어려운 책은 도전 의식을 심어주지만 수준에 맞지 않는 책은 시작하려는 의지를 꺾어버립니다. 전집에 대한 부모의 거부감 역시 '돈을 들여 샀는데 아이가 안 읽는다'라는 좌절에서 비롯되는 경우가 많습니다. 이는 부모의 기대와 아이의 관심사가 충돌하기 때문입니다.

이렇게 즐겁기도 하고 때로는 버겁기도 한 읽기의 시간이 쌓이면 결국 '어떤 글이든 읽을 수 있는 힘'이 생깁니다. 그리고 이 힘은 자기 주도 학습으로 이어집니다. 학습의 본질은 읽고, 이해하고, 적용하는 것이기 때문입니다. 자기 주도 학습의 기초 체력은 결국 '읽는 힘'에서 나옵니다.

아이는 한 권의 책을 수십 번 반복해 읽으며 세계를 확장하기도 하고 때로는 여러 권을 조금씩 읽으며 호기심의 영역을 넓혀가기도 합니다. 이를 부모의 욕심이 막아버린다면 참으로 안타까운 일입니다. 그렇다면 어느 정도 수준의 책이 적절할까요? 보통 아이가 80% 이상 이해할 수 있는 책이 가장 이상적입니다. 나머지 20%는 낯선 단어나 복잡한 문장, 추상적인 개념으로 적당한 도전 과제가 됩니다. 이를 판단하는 방법으로 '파이브 핑거 룰Five Finger Rule'을 추천합니다. 한 페이지를 읽으며 모르는 단어가 0~1개면 쉬운 책, 2~3개면 적절한 책, 4개 이상이면 어려운 책으로 볼 수 있습니다. 또 하나의 방법은 앞에서도 강조한 소리 내어 읽기입니다. 막힘없이 읽고 내용을 설명할 수 있다면 적절한 수준이고, 읽기 어려워하고 설명하지 못한다면 난도 조절이 필요하나는 신호입니다.

세상을 향해 나아가는 아이에게 올바른 방향을 잡아주는 조력자의 역할은 결코 쉽지 않습니다. 그만큼 독서는 만만한 활동이 아니라는 의미지요. 곁에서 조용하지만 치열하게, 우리 아이에게 맞는 방식으로 도와주세요. 부모의 믿음을 받고 자란 아이는 결국 책을 읽는 아이를 넘어, 삶의 방향을 읽어 내는 아이로 성장할 것입니다.

3 ___ 아이가 빠진 책 속에 진로의 단서가 숨어 있다

저는 요즘 이런 질문을 자주 떠올립니다. '세상에는 정말 다양한 직업이 존재하는데 사람들은 어떤 과정을 거쳐 지금의 일을 하게 되었을까', '좋아하는 일을 직업으로 삼았을까', '전공과 직업은 얼마나 연결되어 있을까' 하는 것들입니다. 다양한 분야의 직업을 가진 사람들과 이야기를 나누다 보면 예상하지 못한 경로를 거쳐 현재의 직업을 갖게 된 사람들도 적지 않다는 사실에 깜짝 놀라곤 합니다.

2020년 한국고용정보원이 발간한 『한국직업사전 통합본 제5판』에 따르면 우리나라에는 유사 명칭을 포함해 총 1만

6891개의 직업이 등재되어 있습니다. 미국의 경우에도 2015년 기준 약 3만 654개의 직업이 존재한다고 합니다. 수많은 직업 가운데, 내 아이는 앞으로 어떤 일을 하며 살아가게 될까요? 혹은 지금은 존재하지 않는 전혀 새로운 일을 하고 있을지도 모르겠습니다.

아이에게 "네 꿈은 뭐니?"라는 질문을 던져본 적이 있으실 겁니다. 하지만 아이는 선뜻 대답하지 못하거나 대답을 하더라도 얼마 지나지 않아 답을 바꾸곤 합니다. 이는 전혀 이상한 일이 아닙니다. 꿈은 하루아침에 정해지는 것이 아니라 다양한 경험과 고민을 거치며 서서히 윤곽을 드러내기 때문입니다.

아이가 자신이 원하는 일을 발견하는 순간은 언제 찾아올까요? 진로 탐색의 과정을 조금 더 즐겁고 풍요롭게 만들 방법은 무엇일까요? 저는 시간과 공간의 제약을 비교적 적게 받으면서도 가장 효과적인 방법으로 '독서'를 손꼽습니다.

진로 개발을 위한 독서의 다섯 가지 법칙

'계획된 우연 이론Planned Happenstance Theory'에 대해 들어본 적이 있으신가요? 이 이론은 존 크럼볼츠J. D. Krumboltz 박사가 제시한 진로 이론인데요. 개인의 커리어는 아무리 치밀하게 계획하더라도 수많은 우연한 사건의 영향을 받을 수밖에 없으며, 그 우연을 어떻게 활용하느냐에 따라 전혀 다른 결과가 도출된다고 설명합니다. 즉 진로는 계획만으로 완성되는 것이 아니라 '우연을 기회로 바꿀 수 있는 태도'를 얼마나 갖추었느냐에 달려 있다는 것입니다.

또한 우연한 기회가 찾아왔을 때 그것을 피하지 않고 의미 있는 방향으로 활용하기 위해서는 호기심, 끈기, 낙관성, 유연성, 위험 감수와 같은 태도를 기르는 것이 중요하다고 말합니다. 그래서 '우연'이지만 동시에 '계획된' 기회라고 부릅니다. 우연한 사건을 단순한 행운이 아니라 진로 개발의 자산으로 만들기 위해 필요한 다섯 가지 핵심 태도는 독서와 매우 긴밀하게 연결됩니다. 지금부터 다섯 가지 핵심 원칙과 독서가 어떻게 아이의 진로 탐색을 돕는지 하나씩 살펴보겠습니다.

📕 진로 개발을 위한 독서의 다섯 가지 법칙

법칙 ① 호기심(Curiosity)

호기심은 새로운 경험과 지식을 탐색하려는 태도에서 시

작됩니다. 다양한 활동을 시도하고 새로운 정보를 접할수록 예상하지 못한 기회가 찾아올 가능성은 자연스럽게 커집니다. 평소에는 관심 없던 분야의 책을 읽다가 뜻밖의 흥미를 발견하는 경우도 적지 않습니다.

미국의 천문학자이자 우주생물학자인 칼 세이건Carl Sagan은 어린 시절 『화성의 공주』를 읽고 우주에 대한 관심을 키웠다고 합니다. 한 편의 소설에서 시작된 호기심은 그를 과학자의 길로 이끌었고 이후 그는 우주 탐사와 천문학 분야에서 커다란 업적을 남겼습니다. 이처럼 진로의 씨앗은 예상치 못한 독서 경험 속에 숨어 있기도 합니다.

그렇기에 아이들이 주변에서 일어나는 일에 대해 궁금해하고 그 궁금증을 해결하려는 시도와 경험이 많을수록 좋습니다. 반짝이는 호기심은 새로운 일을 만들어내는 가장 중요한 출발점입니다. 특히 초등 시기에는 특정 분야로 한정하기보다 다양한 분야의 책을 골고루 읽으며 타인의 경험을 자신의 것으로 가져오는 과정이 필요합니다. 이렇게 쌓인 지식은 또 다른 정보를 받아들이는 연결 고리가 됩니다. 이 과정에서 아이가 무엇에 흥미를 느끼는지, 어떤 활동에 오래 집중하는지를 세심하게 관찰하고 그 관심과 연결되는 책이나 경험으로 자연스럽게 확장해 주세요. 호기심을 일회성으로 끝내지 않고 지속적인 탐색으로 이어지게 하는 것이 중요합니다.

끈기(Persistence)

끈기는 한 번의 실패나 어려움 앞에서 멈추지 않고 계속 나아가는 태도입니다. 우연한 기회는 아무에게나 찾아오는 것처럼 보이지만 실제로는 관심 있는 분야를 꾸준히 탐색하고 도전하는 사람에게 더 자주 찾아옵니다.

중학교 1학년이었던 현정이가 떠오릅니다. 어느 날부터 수학에 흥미를 느끼기 시작한 현정이는 『상위 5%로 가는 수학교실』이라는 책을 골라 천천히 읽기 시작했습니다. 수학을 어려워하던 제게는 그 모습이 무척 인상적으로 다가왔습니다. 호기심으로 시작된 수학 독서는 겨울방학 내내 이어졌습니다.

"수학책 읽기 힘들지 않니?"

"어렵긴 해요. 그런데 막히는 부분은 오래 생각해 보기도 하고 그냥 넘어가기도 했어요. 다른 부분을 읽다 보면 저절로 이해되는 때도 있었고요. 정말 이해가 안 될 때는 수학 선생님께 도움을 받았어요. 속이 답답할 때도 있었지만 이해되는 순간 희열을 느낄 수 있어서 좋았어요. 신기하게도 이제는 제가 수학을 좋아하는 사람이 된 것 같아요."

이 대화는 오랫동안 제 마음에 남았습니다. 많은 아이가 현정이와 같은 경험을 할 수 있도록 돕고 싶다는 다짐을 하게 되었기 때문입니다. 호기심으로 시작된 독서가 끈기를 만나면 아이는 자신도 몰랐던 새로운 가능성 앞에 서게 됩니다.

법칙 ③ 낙관성(Optimism)

낙관성은 우연한 사건을 긍정적으로 해석하고, 이를 성장의 기회로 활용하는 태도입니다. 같은 상황이라도 어떻게 바라보느냐에 따라 결괏값이 전혀 달라질 수 있습니다. 우리가 알고 있는 성공 사례 역시 수많은 실패와 좌절을 지나온 결과입니다. 중요한 것은 힘든 상황 속에서도 자기 효능감을 잃지 않고 다시 회복할 수 있는 힘입니다.

위인전이나 성장 소설, 성공 스토리를 읽으며 아이들은 실패를 극복하는 과정을 접하게 됩니다. 아이가 실패했을 때 부모도 함께 감정에 휘둘려 화를 내기보다는, 그 경험을 배움의 기회로 바라보도록 도와주세요. 실패를 어떻게 받아들이느냐에 따라 불행이 될 수도, 새로운 가능성의 출발점이 될 수도 있다는 사실을 아이가 스스로 깨닫는 과정이 중요합니다.

유연성은 하나의 목표에만 매달리는 것이 아니라 환경과 경험의 변화에 따라 방향을 유연하게 바꿀 수 있는 능력입니다. 과학자를 꿈꾸다 연구 과정에서 글쓰기에 흥미를 느껴 과학 저널리스트가 되는 사례처럼, 진로는 생각보다 훨씬 다양한 갈래로 펼쳐집니다.

실제로 한국교육개발원의 2021년 연구에 따르면 대졸자의 절반 이상이 전공과 무관한 직업을 선택한 것으로 나타났습니다. 이는 전공 선택이 실패였다는 뜻이 아니라, 자신의 관심을 탐색하고 경험하며 방향을 조정해왔다는 의미에 가깝습니다.

삶은 끊임없이 새로운 환경을 만나며 그 속에서 몰랐던 자기 모습을 발견하는 여정입니다. 아이가 새로운 관심을 보일 때 "그건 아니야"라고 단정하기보다 "이런 것도 있네"라고 말하며 가능성을 열어주세요. 다양한 책을 통해 여러 세계를 경험하게 하고 관심이 옮겨갈 때마다 부모 역시 열린 마음으로 길잡이 노릇을 해주는 태도가 필요합니다.

법칙 ⑤ 위험 감수(Risk-Taking)

위험 감수는 새로운 기회를 잡기 위해 일정 수준의 도전과 모험을 받아들이는 태도입니다. 낯선 경험을 두려워하지 않고 새로운 가능성에 마음을 열 수 있어야 예상치 못한 기회를 붙잡을 수 있습니다. 해외 연수나 새로운 프로젝트에 도전한 경험이 인생의 전환점이 되는 경우도 적지 않습니다. 이는 성공에 대한 믿음이자 어려움을 지혜롭게 넘어설 수 있다는 자기 신뢰이기도 합니다.

아이들에게 지금은 도전하고 실패하고 다시 일어날 수 있는 가장 좋은 시기입니다. 회복할 시간과 가능성이 충분하기 때문입니다. 그래서 "결국은 잘된다"라는 믿음을 가질 수 있도록 부모님의 무조건적인 지지가 필요합니다.

청소년 진로 상담 일을 하시는 지인과 대화를 하던 어느 날, 아이 진로 탐색에 꼭 필요한 두 가지가 있다는 이야기에 크게 공감한 적이 있었습니다.

첫째는 아이 스스로 관심을 갖게 하는 것입니다. 자신이 좋아하는 것, 잘하는 것, 흥미를 느끼는 것을 적어보며 자신을 돌아보는 경험이 필요합니다.

둘째는 아이에게 너무 먼 미래만 바라보게 하지 않는 것입니다. 아직 세상에 대한 경험이 충분하지 않은 아이에게는 매일의 작은 성장이 더 중요합니다. 하루 10분 일찍 일어나기, 준비물 미리 챙기기, 식사 후 그릇 정리하기, 매일 책 10쪽 읽기와 같은 작은 계획을 실천하며 성공 경험을 쌓게 해주는 일입

니다. 어른에게는 사소해 보일지라도 아이에게는 자존감과 효
능감을 키우는 소중한 발판이 됩니다.

아이의 진로를 찾아가는 길은 절대 쉽지 않지만 책 속에 담
긴 이야기는 아이의 상상력을 깨우고 일상에서는 만날 수 없는
세계를 선물합니다. 미래를 향해 부모와 아이가 함께 걸어가는
과정에서 책은 아이가 세상의 다양한 직업과 삶을 안전하게 경
험할 수 있는 가장 좋은 창구이기 때문입니다.

4 ___ 고학년, 간섭은 줄이고 깊게 질문하라

"이제 6학년인데 책 좀 읽으라고 잔소리를 해도 읽는 시늉만 하고 스마트폰만 봐요. 영어 학원 선생님은 우리말 독해력이 부족해서 영어 레벨이 제자리라고 하고요. 다른 아이들은 책을 잘 읽는 것 같은데, 우리 아이는 어떻게 해야 할지 모르겠어요."

단언컨대, 아직 늦지 않았습니다. 이 시점에서 포기해서는 안 됩니다. 고학년 독서는 지금이라도 시작한다면 충분히 전세를 역전시킬 수 있는 시기입니다. 어릴 때부터 다양한 장르의 책을 꾸준히 읽어온 아이들보다 시간이 더 걸릴 수는 있습니다. 그렇기에 더욱 독서에 시간을 투자해야 합니다. 중학생이 되기 전, 비교적 여유 있게 책을 읽을 수 있는 마지막 시기이기 때문입니다.

이 과정에서 부모의 조바심은 가장 큰 걸림돌이 됩니다. 중학교 선행도 해야 할 것 같고, 시켜야 할 공부는 많은데 아이는 책을 읽지 않으니 마음은 자꾸만 급해집니다. 그러나 분명히 짚고 넘어가야 할 사실이 있습니다. 지금의 독서 시간은 학업 성취도를 높이기 위한 가장 확실한 투자라는 점입니다.

중등과 고등의 모든 학습은 텍스트와 기호로 제시됩니다. 지식도, 문제도 모두 텍스트로 주어지고 아이는 이를 이해하고 활용해 과제를 해결해야 합니다. 텍스트 이해력이 부족하면 어떤 과목에서도 안정적인 성과를 기대하기 어렵습니다. 학원에서 문제를 많이 풀어보는 방식은 당장의 점수를 만들어줄 수는 있지만 아이의 진짜 실력을 길러주지는 못합니다. 낯선 글과 유형의 문제를 혼자 힘으로 읽고 해결할 수 있는 학습력이 필요한 시점입니다.

아이가 고학년이 되어서도 책을 읽지 않거나 읽어도 이해하지 못하는 이유는 무엇일까요? 사실은 '읽지 못하기' 때문입니다. 어른들 대부분은 아이가 한글을 알면 자연스럽게 책을 읽을 수 있을 것이라 생각합니다. 하지만 한글을 읽는 것과 책을 읽는 것은 앞서 이야기했듯이 전혀 다른 문제입니다.

시간이 흘러 학년이 올라가면 저절로 책을 읽게 될까요? 안타깝게도 그렇지 않습니다. 글자는 읽을 수 있지만 책은 읽지 못하는 상태로 굳어질 가능성이 큽니다. 한 연구 결과에 따르면 만 12세 전후에 어휘 습득량이 가장 많고, 이 시기를 지나면 어휘 습득 기회가 점차 줄어들기 시작합니다. 저학년 때 쌓은 구체어를 바탕으로 고학년에 추상어가 벽돌처럼 쌓이는 구조이기 때문에 고학년 독서는 준비된 아이에게 훨씬 큰 성장을 가져옵니다.

📖 학년별로 챙겨야 할 독서 과업

아이의 독해력은 성장 단계마다 다르게 발달합니다. 따라서 각 시기마다 반드시 거쳐야 할 독서 과업이 있습니다. 이 과정을 제대로 밟지 못하면 겉으로는 무난해 보일 수 있지만, 몰입 독서를 해온 아이들과의 문해력 격차는 시간이 지날수록 점점 벌어집니다.

아이의 독서에는 두 번의 큰 고비가 찾아옵니다. 첫 번째는 초등 입학 이후, 학습 시간이 늘어나며 독서 시간이 줄어드는 시기입니다. 두 번째는 4학년 무렵, 학원 교육이 본격화되며 독서가 생활의 중심에서 밀려나는 시기입니다. 이때 학습이 어려운 이유는 문해력 부족이라는 사실을 놓친 채, 더 좋은 학원을 찾느라 결정적인 시간을 흘려보내기 때문입니다. 독서 경험이 충분히 쌓이지 않은 상태로 고학년이 되면 읽기에 대한 자신감은 급격히 떨어지고 책과의 거리는 점점 멀어집니다.

독서를 통한 훈련은 절대 하루아침에 이루어지지 않습니다. 한글을 배운 시점부터 계산해도 최소 7~8년에 걸쳐 축적되어야 하는 긴 과정입니다. 어느 한 단계라도 충분히 채워지지 않으면 이후의 독서는 나날이 버거워질 수밖에 없습니다.

아이가 독서를 어려워하는 원인은 부모에게도 있습니다. 다소 마음이 아프겠지만 짚고 넘어가지 않을 수 없는 부분입니다. 부모가 읽어준 책이 아이의 언어 능력을 좌우합니다. 문법을 따로 배우지 않아도 문장의 구조를 자연스럽게 익히게 하고 의미를 이해하며 읽는 힘의 토대를 만듭니다. 이 과정 없이 한글만 떼고 곧바로 혼자 읽기를 시작한 아이는 글자를 읽는 일과 의미를 이해하는 일을 동시에 해내야 하는 어려운 과제를 혼자 떠안게 됩니다. 읽기는 시작했지만 이해는 따라오지 않는 상태가 되는 겁니다.

<h2 style="text-align:center">학년별 독서 발달 단계</h2>

1학년	글자를 해독하는 데서 멈추지 않고 이야기를 머릿속에 그리며 읽는 경험이 중요하다. 자유롭게 상상하고 즐겁게 읽으며 책과 친해지는 단계다.
2학년	문장이 길어져도 부담 없이 읽는 경험을 통해 독서에 대한 자신감을 쌓아야 한다. '읽을 수 있다'라는 감각을 몸에 익히는 시기다.
3학년	공부와 또래 관계의 비중이 커지며 독서가 밀리기 쉬운 시기다. 독서를 학습과 놀이 사이에 자연스럽게 연결해 주는 것이 중요하다.
4학년	사건의 흐름, 인물의 심리, 원인과 결과를 생각하며 읽는 훈련이 필요하다. 이 시기를 놓치면 깊은 독서로 넘어가기 어렵다.
5학년	글쓴이의 주장과 근거를 파악하고 자신의 생각과 비교하며 읽는 사고 독서가 본격화된다.
6학년	다양한 장르의 글을 맥락 속에서 이해하고 추상적 개념과 고급 어휘를 소화하며 읽는 단계다. 중등 학습을 준비하는 핵심 시기다.

그래서 저는 학부모님에게 '가르치는 사람'이 아니라 '조력자'가 되어야 한다고 강조합니다. 아이에게 지식을 설명하는 사람이 아니라 아이가 읽고 이해하도록 돕는 코치가 되어주세요. 학습의 본질은 어른이 대신 알려주는 과정이 아닌 아이가 혼자

읽고 작은 깨달음을 반복해서 쌓아가는 과정에 있습니다.

엄마표 독서 교육이 가장 많이 실패하는 이유는 화나는 감정을 참다가 결국 폭발하기 때문입니다. 진짜로 믿고 기다린 것이 아니라 기대를 쌓아두고 억지로 버텼기 때문입니다. 그래서 어느 순간 "도대체 언제까지 기다려야 하니?"라는 말이 튀어나오게 됩니다. 그 마음을 모르는 것은 아니지만, 적어도 이 책을 읽고 계시는 독자라면 독서의 힘을 믿고 아이 편에 서서 조금만 기다려주세요. 책을 읽지 않는 아이에게 필요한 것은 더 많은 간섭이 아니라 더 깊은 질문과 더 긴 기다림입니다.

쉽지 않은 길이라는 것을 알고 있습니다. 하지만 부모이기에, 이 길을 끝까지 시도해야 합니다. 우리 아이의 미래를 포기할 수는 없으니까요. 아이를 독서가로 만드는 일은 가장 확실하고 가장 오래 남는 투자라는 걸 기억하세요.

✦✦✦ 책나무 독서 상담소 ✦✦✦

사례 1 **고학년인데도 독서 수준이 저학년에 머물러 있는 경우**

- 한국사처럼 아이가 익숙하게 느끼면서 필요한 정보가 있는 책을 읽게 하세요.

- 초등 중학년 수준의 한국사 책부터 시작하세요.

- 역사적 인물에 대한 책으로 시작하여 그 인물이 태어난 나라와 사건으로 나아가도 좋습니다.

- 한국사를 한 바퀴 돌았다면 아이가 가장 관심 있어 하는 나라에 대한 더 자세한 정보가 있는 책을 권하여 탐구하는 경험을 쌓게 하세요.

💬 대화 예시

- ◆ "○○아, 학교에서 한국사를 배우고 있지? 이 책에는 그림이 있어서 상황을 이해하기가 쉬운 것 같아. 한번 읽어볼까?"

- ◆ "○○이가 가장 존경하는 우리나라 역사 속 인물이 누구였더라? 아, 김유신 장군이라고? 그럼 김유신 장군에 대한 책을 찾아보자."

- ◆ "김유신 장군이 살았던 신라시대는 당시 어떤 상황이었어? 삼국통일은 했었니? 이 책을 읽고 답해줄래?"

- ◆ "○○이는 고려에 관심이 많구나. 그럼 이번에는 고려에 대해 더 자세하게 설명해주는 책을 읽어볼까?"

사례 2 사회 과목 용어와 텍스트를 어려워하는 경우

- 어휘가 어렵지 않은 어린이 신문을 읽도록 도와주세요.

- 경제, 국제, 정치 등 다양한 분야의 기사를 고루 읽도록 지도하세요.

- 읽은 기사의 핵심 내용이 무엇인지 이야기를 나눠보세요.

- 기사를 문단별로 혹은 한 편 전체를 요약하도록 하세요.

- 기사를 통해 알게 된 내용과 용어 등을 정리해 쓰도록 하세요.

💬 대화 예시

- ◆ "○○아, 이 어린이 신문에서 가장 화제가 된 뉴스 주제가 무엇인지 살펴볼까?"

- ◆ "기자는 어떤 부분을 강조해서 기사를 쓴 것 같니?"

- ◆ "가장 최근에 읽은 경제 소식은 어떤 것이었어? 미국과의 관계에 대한 기사도 있던데 그것도 이야기해 줄래?"

- ◆ "이 기사를 문난마다 두 분장이나 세 문장으로 요약해 볼까?"

- ◆ "○○아, '체리피커'라는 말이 재미있는데 이 신문 기사에서 어떤 뜻으로 쓰였는지 공책에 써 볼까?"

사례 3 얇고 쉬운 책만 읽으려는 경우

- 얇은 책으로 아이의 독서 자신감을 길러주다가 두꺼운 책으로 서서히 바꿔주세요.
- 낱말은 어렵지 않고 내용도 쉽게 알 수 있지만 두께감은 있는 책을 고르세요.
- 이야기책도 괜찮습니다. 두꺼운 책을 완독하는 성취감을 느끼는 것이 중요합니다.
- 분량이 있는 책을 다 읽었을 때 기분이 어떤지 이야기하고 스스로를 칭찬하도록 도와주세요.
- 이런 경험이 여러 번 쌓이면 서서히 낱말과 책의 수준을 높이고 장르도 다양하게 확장해 주세요.

💬 대화 예시

- ◆ "○○아, 금방 책을 다 읽었구나. 이 책보다 더 두꺼운 것도 읽을 수 있을 것 같은데? 이번에는 이 책을 읽어보자. 내용이 아주 재미있어."

◆ "우아, 이렇게 두꺼운 책을 다 읽었어? 우리 OO이가 정말 훌
   륭한데! 어려운 말이 많지는 않았니? 혹시 모르는 말이 많
   았으면 더 잘 읽히는 책으로 찾아보자."

◆ "이 책은 엄마(아빠)도 끝까지 읽기 어렵던데 OO이 멋지다!
   이 책을 다 읽고 나서 기분이 어땠는지 궁금한데. 엄마(아빠)
   는 참 뿌듯하고 행복했을 것 같아. 나 자신도 토닥토닥 칭찬
   해 주고 싶고 말이야."

◆ "이 소설까지 읽고 다음에는 역사책을 함께 읽어볼까? 약의
   역사에 관한 것인데 내용이 흥미롭더라."

5

편식 독서를 넘어 확장 독서로 가는 길

2023년 드라마 <연인>이 큰 사랑을 받았습니다. 조선 시대를 배경으로 펼쳐지는 남녀 주인공의 절절한 사랑 이야기는 시청자들의 마음을 단숨에 사로잡았지요. 높은 시청률은 물론이고, 저 역시 방송 날짜를 기다릴 만큼 깊이 몰입했습니다. 어떤 분은 방송 시간이 다가오면 미리 간식을 준비해 소파에 앉아 기다렸다고도 하더군요.

사람들은 왜 이렇게 드라마에 열광할까요? 이야기가 가진 힘이 그만큼 강력하기 때문입니다. 그렇다면 우리는 왜 이야기를 좋아할까요? 이유는 단순합니다. 재미있기 때문입니다. 시청자들은 주인공의 감정에 몰입해 함께 울고 웃으며, 시간 가는 줄도 모른 채 이야기가 만들어낸 세계 속으로 빠져듭니다. 그렇다면 아이들에게 이야기는 얼마나 더 매력적으로 느껴질까요.

어린아이들이 전래동화를 좋아하는 이유도 바로 여기에 있습니다. 엄마나 아빠가 읽어주는 옛이야기 속에서 토끼가 호랑이를 골탕 먹이고, 선비가 여우를 혼내주는 장면은 아이들에게 새롭고 신나는 세계입니다. 아이는 어느새 주인공이 되어 산을 넘고 도깨비와 친구가 되며 심장이 요동치는 경험을 합니다. 영상이 넘쳐나는 요즘 같은 세상에서 책을 통해 재미를 느끼는 아이는 그 자체로 참 귀한 존재입니다. 하지만 무엇이든 지나치면 걱정이 생깁니다. 바로 아이가 이야기책만 읽으려는 경우입니다.

"아이가 이야기책만 읽어요. 요즘은 통합·융합이 중요하다고 하니 사회 책이나 위인전도 읽었으면 좋겠는데, 방법이 없을까요?"

부모로서는 충분히 고민스러운 상황입니다. 그러나 걱정만 하기에는 이야기책이 가진 장점이 참으로 많습니다.

📖 이야기책의 세 가지 장점

장점 ① 소통·공감 능력이 좋아진다

이야기책을 읽는 아이는 가상의 공간에서 벌어지는 다양한 사건을 만나고 그 속에서 인물들이 느끼는 감정을 한발 떨어져 바라보는 경험을 합니다. 아이는 주인공의 선택 앞에서 함께 고민하고 갈등과 아픔을 간접적으로 겪으며 감정의 결을 배울 수 있습니다.

비록 가상의 이야기이지만 아이의 뇌는 이를 자신의 경험처럼 받아들입니다. 인간의 뇌는 현실과 가상을 완벽하게 구분하지 못하기 때문입니다. 영화 속 괴물이 실제로 우리를 해치지 않는다는 사실을 알면서도 몸이 움츠러들고 긴장하는 이유도 여기에 있습니다. 이야기를 많이 접한 아이는 이미 수많은 상황을 간접적으로 경험한 셈입니다. 그래서 현실에서 비슷한 선택의 순간을 맞이했을 때, 감정에 휘둘리기보다 한 번 더 생각하고 더 성숙한 판단을 내릴 수 있습니다. 이야기는 아이에게 공감하는 힘과 소통하는 힘을 길러주는 가장 안전한 연습장치입니다.

소설을 읽다 다음 이야기가 궁금해 잠을 미뤄본 경험이 한 번쯤은 있을 겁니다. 시간 가는 줄 모르고 읽다가 어느새 새벽이 되어 있었던 기억, 남은 페이지가 줄어드는 것이 아쉬워 일부러 천천히 읽고 싶었던 순간 말입니다.

이야기책을 좋아하는 아이는 지금 바로 그 경험을 하고 있습니다. 한 번이라도 깊이 몰입해 본 아이는 다른 활동에서도 몰입할 수 있는 힘을 갖게 됩니다. 뇌는 그때의 몰입 감각을 기억하고 다시 그 상태로 들어가는 길을 알고 있기 때문입니다.

6학년 승진이는 평소 책에 큰 관심이 없던 아이였는데요. 어느 날 『완득이』에 푹 빠져들었습니다. 아이가 책에 몰입했다는 것을 한눈에 알아볼 수 있었습니다. 호흡은 고르고, 몸은 거의 움직이지 않은 채 눈동자만이 이야기를 따라가고 있었기 때문입니다. 몸은 교실에 있었지만 마음은 이야기 속으로 빠져든 것이지요.

그날 승진이는 한 시간이 훌쩍 지난 뒤에야 시계를 보고 깜짝 놀랐습니다.

"선생님, 저 이제 가야 해요. 오늘 신문 읽기 하는 날인데 못 할 것 같아요. 죄송해요."

“괜찮아. 선생님이 아까부터 지켜보고 있었어. 오늘 책 읽기 어땠어?”

“처음 느껴보는 기분이에요. 그냥 이야기 속에 들어갔다가 나온 것 같아요. 시간이 이렇게 간 줄 몰랐어요.”

이것이 바로 몰입의 힘입니다. 이런 경험은 또 다른 몰입으로 이어지고, 아이의 문해력 성장에 든든한 밑거름이 됩니다.

장점 ③ 학습력이 좋아진다

이야기책은 학습력에도 긍정적인 영향을 미칩니다. 등장인물의 감정을 추론하고 사건의 흐름을 예측하는 과정은 사고력을 자연스럽게 키웁니다. 언뜻 관련이 없어 보이는 수학 학습에도 도움이 됩니다. 이야기를 통해 정보를 정리하고 구조화하는 힘이 길러지면 수학 개념과 문제의 조건을 이해하는 능력 역시 성장하기 때문입니다. 책을 읽는다고 모두 공부를 잘하게 되는 것은 아니지만, 책을 읽지 않고 공부를 잘하는 아이는 없습니다.

하루에도 수많은 책이 서점과 전자책 시장으로 쏟아져 나옵니다. 그런데 어떤 책은 수십, 아니 수백 년 동안 스테디셀러로 남습니다. 독자의 감정을 섬세하게 건드리고 이야기를 흥미롭게 전개하며 마치 주인공이 된 것 같은 생생한 경험을 선사하기 때문입니다. 기쁨과 슬픔, 분노와 외로움, 동질감과 사랑, 증오와 좌절, 그리고 도전이라는 인간 고유의 감정은 200년 전이나 지금이나 조금도 다르지 않습니다. 달라진 것은 우리의 생활 방식뿐입니다. 그래서 책은 시간을 건너 독자와 만날 수 있습니다.

지금 이야기 속에 푹 빠져 있는 우리 아이는 세상 모든 사람으로부터 살아가는 법을 배우는 중입니다. 심지어 수백 년 전에 살았던 사람들의 생각과 선택, 감정까지도 함께 경험할 수 있습니다. 그것도 지루한 설명이 아니라 흥미진진한 이야기라는 통로를 통해서 말입니다. 책은 부모의 설명을 넘어 인류의 문화적 공감대와 축적된 지혜를 전해주는 가장 훌륭한 선생님이 될 수 있습니다.

당장은 아이가 이야기책만 읽는 것이 걱정되더라도 믿고 응원해 주세요. 영상 자극이 넘치는 시대에 아이가 책을 읽고 있다는 사실만으로도 부모는 이미 충분히 훌륭한 양육자입니다. 다른 장르의 책은 이야기책을 기반으로 천천히 넓혀가면 됩니다. 무엇보다 중요한 사실은 이야기책이든 정보책이든, '읽는 아이'가 귀한 시대라는 것입니다.

✦✦✦ 책나무 독서 상담소 ✦✦✦

사례 1 **예전 시대를 배경으로 한 이야기책만 읽는 경우**

- 이야기책에서 시대적, 공간적 배경을 어떻게 묘사하고 있는지 아이에게 물어보세요.

- 그 시대에 대해 이야기책에서 읽은 내용 외에 알고 있는 정보가 있는지 대화를 나눠보세요.

- 엄마(아빠)도 그 시대에 깊은 관심을 갖고 관련된 지식책을 찾아 아이와 함께 읽어보세요.

- 지식책을 함께 읽을 때 그 시대를 배경으로 하는 이야기도 더욱 잘 이해할 수 있음을 깨닫도록 도와주세요.

💬 대화 예시

- "○○아, 이 이야기는 옛날에 있었던 일이구나. 이때는 지금과 어떤 점이 달랐을까?"

- "아, '기사'라는 사람들이 많이 나오네. 기사는 어느 나라에 있던 사람들이야? 왜 이런 무거운 옷을 입었어?"

- "이 책에 '기사'에 대한 글이 있는데 함께 읽어볼까?"

- ◆ "아, '기사'에 대해 더 자세히 알고 나니까 주인공이 왜 왕의 명령을 어기는 것을 한참 고민했는지 이해할 수 있겠네."

사례 2   특정 작가의 이야기책만 읽으려는 경우

- 그 작가의 이야기책이 좋은 이유를 아이에게 물어보세요.
- 그 작가의 작품 중 가장 좋아하는 작품이 무엇인지 묻고 아이의 생각을 들어보세요.
- 그 작가에 대해 얼마나 알고 있는지 아이와 대화해 보세요.
- 작가가 태어난 나라와 그 시대를 역사책에서 함께 찾아보세요.
- 작가와 작품을 소개하는 신문을 함께 만들어보세요.

💬 대화 예시

- ◆ "○○이는 이 작가를 참 좋아하는구나. 그 이유가 궁금한데?"
- ◆ "이 작가의 작품 중 어떤 것을 가장 좋아하는지 들려줄래? 어떤 이야기일까?"
- ◆ "이 작가는 어느 나라 사람이야? 지금도 살아 있는 작가니?"
- ◆ "아, 이 작가가 태어난 벨기에에 대한 정보가 여기 가득하네. 이 작가가 태어난 집도 아직 남아 있네!"

◆ "엄마(아빠)와 이 작가를 소개하는 어린이 신문을 함께 만
들어볼까?"

사례 3   설명문 형식의 지식 정보책 읽기를 싫어하는 경우

- 정보서를 억지로 권하지 마세요.
- 이야기 형식의 가벼운 지식 정보책부터 읽도록 권해주세요.
- 이야기 형식의 지식 정보책을 통해 알게 된 사실을 물어보세요.
- 아이 스스로 자신이 알고 있는 것과 모르는 것을 구분하여 지적
  호기심을 느끼도록 도와주세요.
- 이야기 형식의 지식 정보책에 익숙해지면 서서히 설명문 형식의
  지식 정보책 비중을 늘려주세요.

💬 대화 예시

◆ "○○아, 장난꾸러기 삼총사가 지진이 일어난 마을에 갇혔대!
무슨 일이 있었을까? 함께 읽어보자."

◆ "지진은 엄청 무서운 것이구나. 왜 일어나는지 ○○이는 알고
있을까? 책에서 찾아서 얘기해 줄래?"

◆ "지진과 화산 폭발은 서로 영향을 미칠까, 그렇지 않을까?
○○이가 그 답을 찾아볼래?"

◆ "아하! 화산 폭발은 이 책에 자세히 나와 있네. 사진도 참 많

　　은데 같이 볼까?"

◆ "이야기책에 없는 정보가 이 책에는 많이 있구나. 번갈아 읽

　　으면 이야기가 더 재미있을 것 같아. ○○이 생각은 어때?"

6

문해력의 목표는 생각을 표현하는 힘이다

얼마 전, 점심을 먹으러 들어간 식당에서 중학생으로 보이는 아이들 무리를 보았습니다. 한창 떠들고 시끄러울 나이임에도 아이들은 음식이 나오기를 기다리며 각자 스마트폰을 들고 키득키득 웃고 있었습니다. 가만히 살펴보니 따로 노는 것이 아니라 온라인 공간에서 이야기를 나누고 있는 모습이었지요.

달라진 문화를 실감하며 문득 이런 생각이 들었습니다. '이런 환경 속에서 자란 아이들은 서로의 눈을 바라보며 깊은 대화를 나눌 수 있을까', '상대의 표정을 읽고 감정을 헤아리며 말과 말 사이에서 세상을 배워가는 경험을 충분히 할 수 있을까' 하는 의문이었습니다. 마지막으로 대화의 기본이 되는 '말하기'에 대해 이야기해 보려 합니다.

'말을 잘한다'는 것은 무엇을 의미할까요? 단순히 유창하게 많이 말하는 것만을 뜻하지는 않습니다. 말하기 능력은 크게 두 가지로 나누어 볼 수 있습니다. 하나는 친근하고 공감이 오가는 '일상 대화 능력'입니다. 친구들과 수다를 떨 때, 가족과 속마음을 나눌 때 자신의 생각과 감정을 자연스럽게 표현하는 힘이지요. 맛집 이야기를 하거나 방금 본 웹툰을 이야기할 때도 이 능력은 드러납니다. 학창 시절, 전날 본 드라마 이야기를 손짓과 표정까지 동원해 실감 나게 들려주던 친구가 한 명쯤은 있었을 겁니다. 마치 내가 그 방송을 직접 본 것처럼 느껴질 만큼 생생하게 말해주던 모습, 그래서 늘 인기가 많았던 친구 말입니다.

다른 하나는 '설득력 있고 명료한 논리적 말하기 능력'입니다. 학교 발표나 토론, 팀 프로젝트에서 자신의 의견을 근거와 함께 정리해 전달하고 상대를 설득하고 이해시키는 힘입니다. 이는 법정에서 변호사가 차분히 논리를 전개하며 자신의 주장을 납득시키는 과정과도 닮았습니다.

요즘 아이들은 SNS, 짧은 댓글, 이모티콘 중심의 소통에 익숙합니다. 짧고 단편적인 의사 표현에는 능숙하지만 자기 생각과 감정을 길게 풀어내거나 논리적으로 정리해 말하는 데는 어려움을 겪습니다. "분명히 말했는데 오해를 받아요", "발표만 하면 머릿속이 하얘져요"라는 이야기를 하는 아이들도 적지 않습니다. 사실 말하기 능력은 또래 관계는 물론 학습과 사회생활에까지 영향을 미치기에 매우 중요한 요소입니다.

독서와 연계 활동을 통해 일상 대화 능력과 논리적 말하기 능력을 동시에 키운 사례를 소개합니다. 다온이는 초등 시절부터 자기 생각을 표현하는 데 어려움을 느끼고 학교 발표를 유난히 힘들어했습니다. 생각이 많고 섬세한 아이였지만, 발표 시간은 물론이고 친구들과의 대화에서도 웅얼거리거나 말할 타이밍을 놓치는 경우가 잦았습니다. 부모님은 "다온이가 아는 게 많은 것 같은데, 왜 말로 표현하지 못할까요?"라며 답답함을 토로하고 다온이 스스로도 소통의 어려움을 깊이 고민하고 있다는 사실을 알게 되었습니다.

"친한 친구가 고민을 이야기할 때 위로해 주고 싶은데, 어떤 말을 해야 할지 모르겠어요."
"저도 제 생각을 당당하게 말하고 싶은데, 어떻게 시작해야 할지 모르겠어요."

다온이와 부모님께 말하기는 '아는 것을 단순히 나열하는 것'이 아니라 '생각하는 방식이 밖으로 드러나는 과정'이라는 점을 먼저 설명했습니다. 성공적인 말하기는 논리적인 사고에서 출발하며 그 사고를 키우는 가장 효과적인 방법이 바로 구조화된 독서라는 점도 함께 이야기했습니다. 또한 문학 독서는 타인의 삶과 감정을 이해하는 힘을 길러 일상 대화 능력을 키우는 데 매우 효과적이라고 조언했습니다. 독서를 통해 얻은 정보를 말하기와 글쓰기로 연결하는 데 초점을 맞춘 지도였습니다.

가장 먼저 문학 작품을 통해 다양한 인물의 감정과 관계를 간접 경험 하도록 했습니다. 책 속 인물의 슬픔과 기쁨, 갈등과 화해를 자신의 감정과 연결 지으며 읽게 했고, "나라면 어떻게 느꼈을까?", "이 인물에게 어떤 말을 해주고 싶을까?"와 같은 질문으로 생각을 확장했습니다.

논리력 강화를 위해서는 기사문 읽기와 비문학 독해 훈련을 병행했습니다. 글쓴이의 주장과 근거, 글의 전개 구조를 파악하는 연습을 하며 마인드맵이나 문단별 요약 활동으로 생각을 정리했습니다. 기사문 읽기는 시사적인 주제를 다루기에 또래와의 대화 소재로도 자연스럽게 연결될 수 있었습니다.

마지막으로 명료한 전달을 돕는 '말하기 순서 훈련 5단계'

를 적용했습니다. 생각이 많아 말문이 막히는 아이에게 정해진 순서대로 말하게 함으로써 부담을 줄이고 표현의 틀을 만들어 주는 방식입니다. 다온이는 이 과정을 통해 말하기는 타고나는 능력이 아니라 충분히 훈련할 수 있는 힘이라는 것을 스스로 경험하게 되었습니다.

말하기 순서 훈련 5단계

1단계 질문 명확히 확인하기	"제가 제대로 이해했다면 ~에 대해 질문하신 거죠?"라고 되물으며 상대의 질문 의도를 확인한다.
2단계 핵심 답변 먼저 제시하기	"제 생각에는 ~가 가장 중요하다고 봅니다" 또는 "저는 ~하는 것이 바람직하다고 생각합니다"와 같이 자신의 의견을 두괄식으로 간결하게 말한다.
3단계 근거 또는 이유 설명하기	"왜냐하면 책에서 ~와 같은 사례를 통해 볼 수 있습니다" 또는 "관련 자료에 따르면 ~한 데이터가 있기 때문입니다"처럼 논리적 근거나 이유를 제시한다.
4단계 구체적인 예시 또는 추가 설명	"예를 들어 ~상황을 생각해 볼 수 있습니다"처럼 이해를 돕기 위한 구체적인 사례나 비유를 덧붙인다.
5단계 다시 한번 핵심 정리	"따라서 저는 ~가 가장 효과적인 방법이라고 말씀드리고 싶습니다"처럼 답변을 마무리하며 핵심 메시지를 재차 강조한다.

『퍼스트클래스 승객은 펜을 빌리지 않는다』의 저자 미즈키 아키코는 성공한 사람들의 공통점으로 뛰어난 '소통력'을 꼽으며, 상대의 마음을 여는 구체적인 방법들을 제시합니다. 그중 몇 가지를 소개하면 다음과 같습니다.

- 상대방의 말을 중간에 끊지 말고 다 끝날 때까지 귀를 기울인다
- 상대방을 정면으로 마주 보고 때때로 눈을 마주친다
- 상대가 이야기하는 중에 내가 다음에 할 말을 생각하지 않는다
- 적절한 빈도로 고개를 끄덕인다
- 얼굴 전체로 미소 짓는다
- 시계나 휴대전화를 보지 않는다

이 작은 태도가 상대에게 '나는 존중받고 있다'는 신호를 전하며 대화의 깊이를 만들어 줍니다.

다온이에게 특히 효과적이었던 방법은 '읽은 책 속에서 좋은 표현을 찾아 자신의 말로 만들어보는 훈련이었습니다. 일상 대화에 자주 쓰일 수 있는 '화가 났겠구나', '섭섭했겠네', '걱정이 많았겠네' 같은 감정 표현 어휘와 '그래서 어떻게 됐어?', '그때 어떤 기분이었어?'와 같은 공감을 이끄는 질문을 따로 노트에 정리해 반복해서 읽게 했습니다. 어휘는 자주 접할수록

자연스럽게 대화 속에서 튀어나오기 때문입니다.

처음에는 자기 생각을 말로 꺼내는 것 자체가 큰 부담이었고, 짧은 시간 안에 내용을 요약해 말하는 활동을 할 때마다 당황하곤 했습니다. 그러나 선생님의 꾸준한 격려와 공감은 다온이의 내면을 조금씩 변화시키기 시작했습니다. 둥지 안에만 있던 작은 새가 서서히 날개를 펴고 노래하는 법을 배우듯 말입니다. 독서를 통해 '생각을 말로 엮는 힘'과 '마음을 말로 잇는 힘'을 함께 키운 다온이는 이제 어떤 상황 앞에서도 자신의 목소리를 낼 수 있는 단단한 아이로 성장하고 있습니다.

말하기 능력이 부족해 고민하는 아이들에게 책을 잘 읽는 경험은 생각을 조직하고 논리적으로 구조화해 말로 표현하는 사고력 훈련의 장이 됩니다. 동시에 타인의 삶과 감정을 간접 경험 하며 공감과 소통의 기술을 익히는 가장 좋은 길이기도 합니다.

프랜시스 베이컨Francis Bacon은 "독서는 충만한 사람을 만들고, 대화는 준비된 사람을 만들며, 글쓰기는 정확한 사람을 만든다"라고 말했습니다. 독서를 통해 채워진 지식과 감성은 소통의 밑거름이 되고 그 대화는 다시 자기 생각을 말로 풀어내는 힘이 됩니다. 이 능력은 복잡한 세상을 살아가는 아이들에게 가장 강력한 무기가 되어줄 것입니다.

아이의 문해력을 높이는 책나무 감정 어휘 훈련

감정 어휘는 아이들의 언어 능력을 기를 뿐만 아니라 자신의 감정을 알아차리는 데도 큰 도움이 됩니다. 감정을 표현하는 다양한 단어를 익히면 글쓰기나 말하기에서 개성 있고 풍부한 표현력을 가질 수 있습니다.

'책나무 감정 어휘 훈련'에서는 기쁨, 화남, 슬픔, 불안 등 우리가 흔히 느끼는 네 가지 감정을 중심으로 한 다양한 표현을 알아보겠습니다. 이를 통해 아이가 건강하게 자신의 감정을 표현하는 방법을 고민하고 배워보세요.

😊 기쁨을 나타내는 감정 어휘

감정의 정도에 따른 표현	가벼운 기쁨	흐뭇하다, 유쾌하다, 즐겁다, 들뜨다, 미소 짓다, 안심하다, 산뜻하다, 편안하다, 싱글벙글하다, 설레다
	보통의 기쁨	뿌듯하다, 만족스럽다, 행복하다, 기대하다, 의기양양하다, 신나다, 유쾌하다
	강렬한 기쁨	황홀하다, 감동하다, 벅차다, 환호하다, 희열을 느끼다, 감격하다, 환대하다

속담 및 관용어 표현

1) 속담

웃으면 복이 온다 즐겁게 살면 좋은 일이 생긴다는 뜻
잔칫집 개 같다 신나는 일에 들떠서 이리저리 돌아다니는 모습
비단 옷 입고 춤춘다 기쁜 일이 있어서 좋아하는 모습

2) 관용어

얼굴에 웃음꽃이 피다, 세상을 다 가진 듯하다, 입이 귀에 걸리다, 날아갈 듯이 기쁘다, 두 귀가 번쩍 뜨이다, 팔짝팔짝 뛰다, 기쁨에 겨워 어쩔 줄 모르다, 마음이 둥실 떠오르다, 발걸음이 가볍다, 심장이 쿵쿵 뛰다, 기쁨을 감추지 못하다, 꿈인지 생시인지 모르다

고사성어

금상첨화(錦上添花) 좋은 일 위에 또 좋은 일이 겹침
희희낙락(喜喜樂樂) 매우 기뻐서 즐거워하는 모습
환호작약(歡呼雀躍) 너무 기뻐서 큰 소리로 외치며 뛰어오르는 모습
만면희색(滿面喜色) 얼굴에 기쁨이 가득한 상태
득의만면(得意滿面) 원하는 것을 얻어 매우 기쁜 표정을 짓는 모습

☺ **일상에서 발견하는 기쁨의 감정**

감각(신체)을 활용한 기쁨 표현	• "햇살이 눈부시게 쏟아지고, 꽃들이 환히 피어났다." 　(시각적 표현) • "그녀의 웃음소리는 종달새처럼 맑고 경쾌했다." 　(청각적 표현) • "따뜻한 바람이 피부를 감싸며 포근한 기분을 주었다." 　(촉각적 표현) • "은은한 꿀맛이 혀 끝에 맴돌며 마음까지 부드럽게 녹였다." 　(미각적 표현)
의성어·의태어를 활용한 기쁨 표현	• "까르르 웃으며 친구들과 손을 맞잡았어요." • "그는 기쁜 나머지 제자리에서 폴짝폴짝 뛰었다."
주변 환경 변화를 활용한 기쁨 표현	• "햇살이 눈부시게 빛나고, 새들이 지저귀었어요." • "꽃들이 활짝 피어나고, 나비가 사뿐사뿐 춤을 추었어요."
대사를 활용한 기쁨 표현	• "정말 신나! 오늘은 최고의 날이야!" • "이거야말로 내가 원하던 거야!" • "이 순간을 얼마나 기다렸는지 몰라."
비유와 상징을 활용한 기쁨 표현	• "그녀의 마음은 활짝 핀 해바라기처럼 환했다." • "가슴속에서 봄꽃이 터지듯 행복이 피어났다." • "그 소식을 듣자, 마치 날개를 단 듯 가벼워졌다."

감정의 정도에 따른 표현	가벼운 화남	화나다, 짜증 나다, 성나다, 속상하다, 분하다, 억울하다, 언짢다, 못마땅하다, 뾰로통하다, 섭섭하다, 약 오르다, 흥분하다, 심술 나다, 신경질 나다, 열받다, 어이가 없다
	강렬한 화남	격분하다, 격앙되다, 격노하다, 분통이 터지다, 노발대발하다, 울컥하다, 원통하다, 진노하다, 역정을 내다, 노엽다
	억울하거나 답답할 때의 화남	분개하다, 괘씸하다, 씩씩대다, 속을 끓이다, 울분이 치밀다, 부아가 치밀다
속담 및 관용어 표현		**1) 속담** **뿔 난 소가 왕 노릇한다** 화가 난 사람이 함부로 행동하거나 힘을 과시하는 모습을 비유한 말 **성질 급한 놈이 우물에 먼저 빠진다** 화를 잘 내고 성급한 사람은 실수를 저지르기 쉽다는 뜻 **불난 집에 부채질한다** 화가 난 사람을 더 자극하거나, 나쁜 상황을 더 악화시키는 경우를 비유한 말 **참을 인(忍) 자 셋이면 살인도 면한다** 화가 나도 참으면 큰 문제를 피할 수 있다는 의미 **성낼 일이 따로 있지** 사소한 일에 화를 내는 사람에게 "이 정도로 화낼 일이 아니다"라고 말할 때 쓰는 속담 **가랑잎에 불붙듯 한다** 작은 일에도 쉽게 화를 내거나 흥분하는 사람을 비유하는 말

속담 및 관용어 표현	**눈에는 눈, 이에는 이** 화가 나면 똑같이 대응한다는 의미 **성난 황소 영각하듯 한다** 성난 황소가 크게 울며 무섭게 우짖는 모습 **종로에서 뺨 맞고 한강 가서 눈 흘긴다** 모욕을 당한 자리에서는 아무 말도 못하고 딴 데 가서 화풀이를 한다는 의미 **2) 관용어** 약이 오르다, 피가 거꾸로 솟다, 핏대를 세우다, 속이 부글부글 끓다, 이를 갈다, 뚜껑이 열리다, 화가 머리끝까지 치밀다, 성을 내다, 눈에서 불이 나다, 속을 뒤집어 놓다, 이글이글 타오르다, 오만상을 찌푸리다, 이맛살을 찌푸리다, 어금니를 꽉 깨물다, 팔짱을 끼고 토라지다
고사성어	**화불단행(禍不單行)** 화는 한 가지로 끝나지 않는다 **발분망식(發憤忘食)** 분한 마음에 밥 먹는 것도 잊고 무언가에 몰두함 **노기등등(怒氣騰騰)** 화가 나서 얼굴빛이 붉어지고 기세가 등등함 **노발대발(怒發大發)** 몹시 화가 나서 크게 소리치며 노여움을 표출함 **분기탱천(憤氣撐天)** 분한 마음이 하늘을 찌를 듯함 **비분강개(悲憤慷慨)** 슬프고 분하여 북받치는 마음 **노발충관(怒髮衝冠)** 화가 나고 노하여 일어선 머리카락이 관을 추켜올린다는 뜻 **함분축원(含憤蓄怨)** 분한 마음을 품고 원한을 쌓음

😡 일상에서 발견하는 화의 감정

감각(신체)을 활용한 화남 표현	• "그의 얼굴이 새빨개졌다. 이마에 핏줄이 도드라졌다." (얼굴 변화) • "눈이 번쩍이며 날카로운 불꽃이 튀었다." (눈빛 변화) • "주먹을 불끈 쥐었다. 발끝까지 힘이 들어갔다." (동작 변화) • "그의 숨소리가 거칠어졌다. 마치 들숨마다 불꽃이 이는 듯했다." (호흡 변화)
의성어·의태어를 활용한 화남 표현	• "훅훅! 코에서 김이 날 것 같았어요." • "부들부들… 손이 떨리기 시작했어요." • "휙! 토끼는 화가 나서 문을 세게 닫았어요."
주변 환경 변화를 활용한 화남 표현	• "하늘은 잿빛으로 변하고, 번개가 번쩍 쳤어요." • "강아지는 화가 나서 꼬리를 팡팡 흔들었어요."
대사를 활용한 화남 표현	• "네가 감히 나한테 이런 말을 해?" • "아, 아니, 이건 도저히 참을 수가 없어!"
비유와 상징을 활용한 화남 표현	• "그의 분노는 활활 타오르는 불길 같았다." • "화가 머리끝까지 치솟아 마치 화산이 터질 듯했다." • "심장이 마구 뛰며 가슴속에서 천둥이 몰아쳤다."

😞 슬픔을 나타내는 감정 어휘

감정의 정도에 따른 표현	가벼운 슬픔	슬프다, 우울하다, 서럽다, 안타깝다, 애석하다, 처량하다, 울적하다, 아리다, 씁쓸하다, 허전하다
	깊은 슬픔	비탄에 빠지다, 비통하다, 비참하다, 좌절하다, 실의에 빠지다, 낙심하다, 애통하다, 절망하다, 애절하다, 망연자실하다
	그리움과 애틋함을 포함한 슬픔	애틋하다, 그립다, 사무치다, 애달프다, 아련하다, 안쓰럽다, 애끓다, 쓸쓸하다, 허망하다, 눈시울이 붉어지다
속담 및 관용어 표현		

1) 속담

가을바람에 새털 날듯 가을바람에 가벼운 새털이 쉽게 날아가듯, 사람의 운명이나 삶이 허무하고 덧없음을 비유한 말

서러운 놈이 땅을 친다 억울하고 분한 사람이 슬픔을 이기지 못하고 크게 한탄한다는 뜻

울며 겨자 먹기 하기 싫거나 괴로운 일을 억지로 해야 할 때 쓰는 표현

죽 쑤어 개 준다 애써 한 일이 다른 사람에게 돌아가 억울하고 허무하다는 뜻

가는 날이 장날이다 기대와는 다르게 일이 꼬이거나, 운이 나쁘게 안 좋은 일을 겪을 때 쓰는 표현

불행은 겹쳐 온다 안 좋은 일이 한 가지로 끝나지 않고 계속 겹쳐서 일어남을 뜻하는 말

속담 및 관용어 표현	**2) 관용어** 비탄에 잠기다, 한 맺힌다, 눈물을 삼키다, 눈물을 머금다, 눈물이 앞을 가리다, 눈물이 차오르다, 가슴이 미어지다, 가슴이 먹먹하다, 가슴이 시리다, 가슴을 도려내는 듯한 아픔, 쓰린 속을 달래다, 뼈에 사무치다, 애간장이 타다, 애통해하다, 절망에 빠지다, 비탄에 잠기다, 눈앞이 캄캄하다
고사성어	**애이불비(哀而不悲)** 슬프지만 겉으로는 드러내지 않음 **망연자실(茫然自失)** 너무 슬프거나 충격을 받아 멍해짐 **절치부심(切齒腐心)** 몹시 분하거나 억울해서 속을 썩이며 슬퍼함 **비분강개(悲憤慷慨)** 슬픔과 분노가 함께 섞인 감정 **풍수지탄(風樹之嘆)** 부모를 잃고 난 뒤에 효도하지 못한 것을 후회하는 슬픔

😞 일상에서 발견하는 슬픔의 감정

감각(신체)을 활용한 슬픔 표현	• "아이는 고개를 푹 숙였어요. 눈물이 또르르 볼을 타고 흘러내렸어요." • "곰돌이는 축 처진 어깨로 조용히 걸었어요. 눈망울이 촉촉해지고, 코끝이 빨개졌어요." • "그는 아무 말도 하지 않았다. 다만 두 주먹을 꼭 쥐고 고개를 숙였다. 그의 어깨가 가늘게 떨렸다. 차마 멈출 수 없는 눈물이 바닥에 하나둘 떨어졌다."
의성어·의태어를 활용한 슬픔 표현	• "훌쩍훌쩍, 아이는 코를 훌쩍이며 울었어요." • "두 눈에서 또르르 눈물이 흘렀어요." • "곰돌이는 가만히 흐느끼며 조용히 울었어요. '흑…'"
주변 환경 변화를 활용한 슬픔 표현	• "하늘은 잿빛으로 흐려졌어요. 바람도 슬픈 듯 살랑살랑 불었어요." • "해가 구름 뒤로 숨어버렸어요. 새들도 조용히 나뭇가지 위에 앉아 있었어요." • "빗방울이 하나둘 떨어지더니, 곧 주룩주룩 내리기 시작했어요. 마치 하늘도 함께 울고 있는 것 같았어요."
대사를 활용한 슬픔 표현	• "나 너무 슬퍼…." • "이제 나 혼자야…." • "괜찮아… 괜찮다고 말하지만, 사실 하나도 괜찮지 않아."
비유와 상징을 활용한 슬픔 표현	• "그의 가슴은 얼음장처럼 차가워졌고, 눈물은 녹지 않는 서리처럼 볼에 남아 있었다." • "그녀는 칙칙한 회색 코트를 입고 거리를 걸었다. 도시의 불빛은 환했지만, 그녀의 세계는 무채색이었다." • "책상 위에 놓인 시든 꽃 한 송이. 마치 그의 마음처럼 메말라 있었다."

<h2 style="text-align:center">😐 불안을 나타내는 감정 어휘</h2>

감정의 정도에 따른 표현	가벼운 불안	걱정하다, 우려하다, 염려하다, 근심하다, 신경을 쓰다, 조마조마하다, 조바심하다, 안절부절하다, 긴장하다, 불편하다
	보통의 불안	불안하다, 두려워하다, 불길하다, 동요하다, 당황하다, 불쾌하다, 위기감을 느끼다, 혼란하다, 불면하다, 초조하다
	강렬한 불안	공포스럽다, 전율을 느끼다, 패닉에 빠지다, 경계하다, 강박을 느끼다
속담 및 관용어 표현	**1) 속담** **도둑이 제 발 저리다** 잘못을 저지른 사람은 자기 잘못을 들키게 될까 봐 불안감을 감추지 못한다는 의미 **자라 보고 놀란 가슴 솥뚜껑 보고 놀란다** 어떤 사물에 몹시 놀란 사람은 비슷한 사물만 보아도 불안해한다는 뜻 **우물가에 애 보낸 것 같다** 몹시 걱정이 되어 마음이 놓이지 않는 상태를 비유적으로 이르는 말 **2) 관용어** 가슴이 두근거리다, 가슴이 조마조마하다, 가슴이 철렁하다, 애가 타다, 손에 땀을 쥐다, 간이 콩알만 해지다, 등골이 오싹하다, 식은땀이 흐르다, 입술을 깨물다, 속이 울렁거리다, 앞이 캄캄하다, 한숨이 절로 나오다, 밤잠을 설치다, 제 발 저리다, 한숨을 쉬다, 속을 끓이다		

고사성어	전전긍긍(戰戰兢兢) 몹시 두려워서 불안해하며 조심하는 모습을 표현
	전인미답(前人未踏) 아무도 가보지 않은 길을 가는 불안과 긴장감을 뜻함
	노심초사(勞心焦思) 어떤 일이 잘될지 걱정하며 끊임없이 불안해하는 마음을 의미
	여리박빙(如履薄氷) 얇은 얼음을 밟듯 매우 불안하고 조심스러운 상황을 비유
	위기일발(危機一髮) 아주 위태롭고 불안한 순간을 의미.
	풍전등화(風前燈火) 바람 앞의 등불처럼 언제 꺼질지 모르는 불안한 상황을 뜻함
	일촉즉발(一觸卽發) 조금만 건드려도 터질 것 같은 긴장감과 불안감이 감도는 상태를 의미

😐 일상에서 발견하는 불안의 감정

감각(신체)을 활용한 불안 표현	• "작은 토끼는 귀를 쫑긋 세우고, 몸을 잔뜩 웅크렸어요."
	• "아이의 두 눈이 초롱초롱해지더니, 금세 흔들렸어요."
	• "그는 주먹을 불끈 쥐고, 얼굴이 벌겋게 달아올랐다."
	• "마음속에 작은 파도가 치는 것 같아. 가슴이 콩닥콩닥하고 손에 땀이 나."

의성어·의태어를 활용한 불안 표현	• "두근두근… 가슴이 터질 것 같았어요." • "토끼는 살금살금 발걸음을 옮겼어요." • "꿀꺽… 아이는 침을 삼키며 한 발짝 뒤로 물러났어요." • "사각사각… 나뭇잎이 바람에 흔들리는 소리가 들렸어요."
주변 환경 변화를 활용한 불안 표현	• "하늘은 잿빛으로 변하고, 바람이 세차게 불기 시작했어요." • "숲속은 조용했어요. 너무 조용해서 오히려 더 무서웠어요." • "길모퉁이 너머에서 뭔가 스윽 움직이는 소리가 들렸어요." • "커다란 그림자가 스르륵 다가오는 것 같았어요."
대사를 활용한 불안 표현	• "어… 어쩌지? 저기 뭔가 있는 것 같아…" • "괜찮을까? 아무도 없겠지?" • "으으… 너무 무서워서 다리가 덜덜 떨려." • "이상해… 뭔가 기분이 찜찜한데?"
비유와 상징을 활용한 불안 표현	• "그의 얼굴이 금세 폭풍전야처럼 어두워졌다." • "그녀의 가슴속에서 안개가 피어오르듯 불안이 덮쳐 왔다." • "그의 눈빛은 마치 길을 잃은 아이처럼 흔들렸다."

책 읽는 부모 곁에
스스로 읽는 아이가 있습니다

제가 좋아하는 한 젊은 CEO가 있습니다. 늘 바쁜 일정을 소화하는 그를 보면 에너지가 넘치고 시대를 앞서가는 통찰력도 느껴집니다. 그런데 어느 토요일, 모임에서 주최한 클래식 연주회에 아들의 손을 잡고 온 그의 모습을 보고 적잖이 놀랐습니다. 늘 이른 출근과 늦은 귀가로 가족과 함께할 시간이 부족하기에 주말만큼은 반드시 가족과 함께하려 노력한다는 이야기를 들었습니다. 진취적인 사업가로서의 모습도 인상 깊었지만 제게 더 깊은 울림을 준 것은 바쁜 와중에도 가족을 삶의 중심에 두려는 그의 확고한 태도였습니다.

모임에서 만날 때마다 그는 종종 아이들의 독서에 대해 조언을 구하곤 했는데 어느 날 특히 인상적인 이야기를 들려주었습니다. 그의 집에서는 매주 일요일 저녁이면 온 가족이 거실의 커다란 테이블에 둘러앉아 각자 좋아하는 책을 읽는 시간을 가진다고 했습니다. 영화 속 한 장면처럼 아름답지만, 바쁜 현대 가정에서는 쉽게 보기 어려운 풍경이기도 하지요. 이 이야기를 들으며 '우리 가족도 저런 문화를 가질 수 있을까' 하는 막연한 아쉬움이나 자책감이 떠오르는 부모님들도 계실지 모릅니다.

> "이제 아이는 혼자서도 잘 읽으니,
> 나는 독서에서 한발 물러서도 되지 않을까?"

자녀의 독서 수준이 높아질수록 부모님들은 종종 이런 유혹에 빠집니다. 만약 아이가 이제 혼자서도 책을 잘 읽고, 제법 깊이 있는 독서력을 갖추게 되었다면 이제는 한 단계 더 나아가 볼 차례입니다. 독서를 '아이 혼자만의 지적 활동'에 머무르게 하지 말고, 가족의 삶과 연결된 풍요로운 문화로 확장해 주세요.

아이의 독서 지속성은 부모의 꾸준한 모범에서 나옵니다. 특히 초등 고학년이나 중학생이 되면 학습과 숙제에 밀려 독서가 제일 먼저 일상에서 사라집니다. 이 시기의 아이들은 더 이상 부모의 잔소리나 지시에 맹목적으로 따르지 않습니다. 오히려 강한 지시는 강한 반발로 돌아오기도 하지요. 대신 아이들은 부모의 뒷모습을 보고 배웁니다.

아이가 '평생 독서가'로 살아가길 바란다면 부모 스스로가 책과 가까이 지내며 지적인 성장을 멈추지 않는 모습을 보여주는 것이 가장 강력한 교육입니다. 책 읽는 부모가 되는 데 완벽할 필요는 없습니다. 오히려 불완전하지만 진정성 있는 모습이 아이와 더 깊은 유대감을 만듭니다.

예를 들어, 가족 독서 시간을 정해 짧더라도 매일 저녁이나 주말의 특정 시간에 온 가족이 각자의 책을 읽는 루틴을 만들어보세요. 부모에게도 그 시간은 취미 독서를 즐기는 소중한 휴식이 될 수 있습니다. 같은 공간에서 함께 숨 쉬듯 책을 읽는 경험은 그 자체로 뜻깊습니다.

부모가 읽는 책의 흥미로운 구절을 아이에게 자연스럽게 이야기해 주거나 아이가 읽는 책에 부모가 먼저 호기심을 갖고 질문을 건네며 대화를 시작해도 좋습니다. 이때 질문은 점검이나 평가가 아니라 순수한 관심과 교류의 출발점이어야 합니다. 때로는 독서가 어렵고 지루하게 느껴질 때도 있겠지요. 그런 순간마저 솔직하게 이야기하며, 그럼에도 독서를 이어가는 '인생 선배'의 모습을 보여주는 것만으로도 아이에게는 큰 용기와 영감이 됩니다.

오늘부터 우리 집을 '책의 향기가 나는 서재'로 만들어주세요. 독서로 다져진 가족의 이야기는 아이가 앞으로 어떤 삶의 길을 걷든 든든한 버팀목이 되어줄 테니까요. 어린 시절부터 보고 자란 '책 읽는 부모'의 모습은 아이에게 평생을 함께하는 지적 동반자이자 위기를 헤쳐 나가는 지혜의 근원이 됩니다.

결국 독서는 가족 모두의 삶을 더 풍요롭고 단단하게 만들어주는 끝없는 지적 유산이자 행복의 씨앗입니다. 우리 가족만의 아름다운 독서 이야기를 차분히 만들어가시기를 진심으로 응원합니다.

문해력 · 사고력 · 학습력 · 창의력을 키우는
책나무 학년별 추천 도서

달케이크

저자 그레이스 린 | **출판사** 보물창고 | **영역** 창작 | **권장 학년** 유치부~초2

2019년 칼데콧 명예상 수상작. 엄마와 딸, 그리고 달이라는 익숙한 소재를 기발한 상상력으로 그려낸 작품. 누구나 해보았을 유년 시절의 상상력을 통해 따뜻하게 마음을 물들이는 매혹적인 이야기.

엄마 사용법

저자 김성진 | **출판사** 창비 | **영역** 창작 | **권장 학년** 초3~4

16회 창비 좋은 어린이책 대상 수상작. 생명장난감이란 낯선 상상력을 통해 어린이들의 호기심을 자극하면서 철학적인 주제를 참신하게 풀어낸 작품. 다양하게 뻗어나갈 수 있는 생각거리를 주는 이야기.

에이아이 내니 영원한 내 친구

저자 박미정 | **출판사** 고래가숨쉬는도서관 | **영역** 창작 | **권장 학년** 초4~6

제8회 교보문고 스토리 공모전 수상작. 가상의 미래지만 현실에서 청소년들이 할 법한 익숙한 고민과 생각들이 맞닿은 작품. AI가 우리 생활에 깊숙이 들어오고 있는 요즘, 미래 문명의 발달 속 AI와 인간의 관계를 곱씹게 하는 이야기.

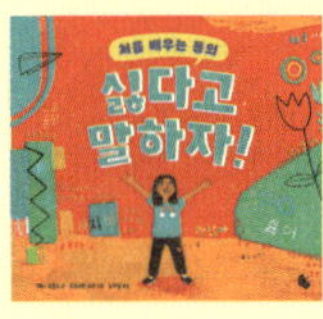

싫다고 말하자! 처음 배우는 동의

저자 제니 시몬스 | **출판사** 토토북 | **영역** 사회 | **권장 학년** 유치부~초2

2023 학교도서관저널 도서추천위원회 추천작. 사회의 구성원이 되기 위해 한 걸음을 내디딘 어린이들의 사회성을 길러주는 도서. 나와 상대방을 모두 존중하며 자신의 생각을 정확히 전달하는 방법을 생활 속의 예시와 함께 알려준다.

소중한 한 표, 누구를 뽑을까?

저자 마키타 준 | **출판사** 키다리 | **영역** 사회 | **권장 학년** 초1~2

2022 학교도서관저널 도서추천위원회 추천작. 미래의 책임 있는 유권자가 될 어린이들이 스스로 생각하고 행동할 수 있도록 선택지를 통해 질문을 나눠볼 수 있는 도서. 선거와 투표의 개념과 중요성을 동화로 배운다.

장난감 말고 주식 사 주세요!

저자 소이언 | **출판사** 우리학교 | **영역** 사회 | **권장 학년** 초3~4

경제의 기본 개념부터 금융의 핵심인 투자와 주식, 빚과 신용 등의 꼭 알아야 할 금융 지식을 흥미롭게 배울 수 있는 도서. 이해하기 쉬운 풀이말과 적절한 예시를 곁들여 경제 흐름을 이해하게 할 뿐만 아니라 반듯한 경제 관념을 세우는 길잡이가 되어준다.

생각학교 초등 경제 교과서1: 시장경제

저자 김상규 | **출판사** 사람IN | **영역** 사회 | **권장 학년** 초4~6

시장 경제의 원리와 절약의 중요성부터 세계 경제의 흐름을 구성하는 개념을 시사와 역사, 지리 등의 분야를 아우르는 풍부한 읽을거리와 함께 설명하는 도서. 그래프와 도표, 교과연계 개념을 활용하여 어려운 사회 영역 공부에도 도움이 된다.

10대를 위한 정의란 무엇인가

저자 마이클 샌델(원작), 신현주(글) | **출판사** 미래엔아이세움 |
영역 사회 | **권장 학년** 초6~중등부

마이클 샌델 교수의 세계적인 명저 『정의란 무엇인가』를 직관적인 시각자료와 알기 쉬운 말로 10대를 위해 다시 해설한 도서. 문답 형식으로 된 구성을 따라가며 정의란 무엇이고 좋은 사회란 어떤 것인지에 관한 깊은 사고를 하게 만든다.

예술이 왜 필요할까?

저자 사라 월든 | **출판사** 봄마중 | **영역** 예술 | **권장 학년** 초1~2

초등 저학년의 눈높이에 맞추어 예술의 개념과 그림과 조각, 도자기의 분류, 예술이 우리에게 던지는 질문 등 예술을 처음 접하는 아이들에게 다양한 개념을 쉽게 소개하고, 스스로 사고해 볼 수 있게 한다.

고양이네 박물관

저자 조현진 | **출판사** 상상의집 | **영역** 예술 | **권장 학년** 초2~3

교과서에 실리거나 유명한 작품들 중 인상파 화가들의 삶과 작품을 고양이의 여정으로 표현하여 어린이들이 꼭 알아야 할 예술 배경지식을 이야기와 함께 자연스레 배우게 한다.

우리 교실은 명화 미술관

저자 이든 | **출판사** 해와나무 | **영역** 예술 | **권장 학년** 초4~6

명화의 단순한 감상에서 벗어나 명화에 나타난 사회적 배경이나 수학, 과학적 원리 등을 살펴보며 교과 통합적인 다양한 지식을 습득할 수 있는 도서. 교과지식의 연계에 있어 융합 교육 과정에서 주목할 만한 책이다.

미술관에 가고 싶어지는 미술책

저자 김영숙 | **출판사** 휴머니스트 | **영역** 예술 | **권장 학년** 초6~중등부

2009 문화체육관광부 추천 우수교양도서, 2010 행복한아침독서 추천 도서. 첫 출간 이후 10년 넘게 스테디셀러의 자리를 차지하고 있는 도서의 개정판. 미술 사조, 사회학적(시대 상황), 작가론적(개인사와 심리), 도상학적(숨겨진 메시지 해독)의 네 가지 방식으로 예술 감상뿐 아니라 예술 너머 세상을 보는 안목까지 넓힐 수 있게 도와주는 입문서로 꼽힌다.

쓰레기 위성의 혜나

저자 맹현 | **출판사** 핌 | **영역** 과학 | **권장 학년** 초2~3

2023 올해의 청소년 교양 우수 선정 도서로 선정되어 아동극으로도 탄생한 작품. 기후 위기나 탄소 중립 등 환경 문제가 큰 이슈로 떠오르는 지금 읽기 좋은 시의성 있는 주제와, SF 장르 특유의 상상력을 결합한 환경 동화. 지구를 지켜야 하는 이유와 지구를 위해 내가 할 수 있는 노력은 무엇일지 주인공 혜나의 이야기를 따라가며 생각을 나누어 볼 수 있다.

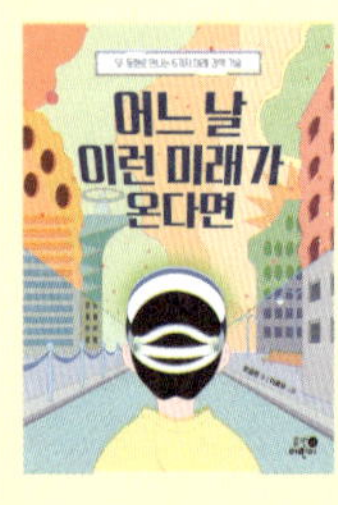

어느 날 이런 미래가 온다면

저자 오승현 | **출판사** 휴먼어린이 | **영역** 과학 | **권장 학년** 초3~6

2024 행복한아침독서 추천 도서. 자율 주행차, 메타버스, 휴머노이드, 인간 복제, 미래 윤리 등 여섯 가지 AI 기술과 주제를 중심으로 한 단편 동화 수록집. 미래 과학의 어두운 면을 다룬 동화를 보며 미래에 필요한 윤리를 생각해 보고, 과학적 개념을 해설한 부분을 읽으면서 탄탄한 지식까지 얻을 수 있게 한다.

우주의 속삭임

저자 하신하 | **출판사** 문학동네 | **영역** 과학 | **권장 학년** 초5~6

제24회 문학동네어린이문학상 대상 수상작. 과학적인 상상력에서 출발해 마음을 울리는 서사라 극찬받은 청소년 SF 문학 단편집으로 외계인, 휴머노이드 등 비인간적 존재와 인간이 마음을 나누고 교류해 가는 이야기는 감상적인 청소년 시기에 필요한 감수성을 전해준다. 이 책의 전반을 관통하는 낯선 존재들과의 공감이라는 주제는 책을 읽은 학생들이 미래 시민에게 필요한 전 우주적 사랑을 배울 수 있는 계기가 될 것이다.

항체의 딜레마

저자 임서진, 소향, 조윤영, 나혜림, 임성은 | **출판사** 사계절 | **영역** 과학 | **권장 학년** 초6~중고등부

최영희 작가의 '안녕 베타'를 시작으로 가치 있는 과학소설을 해마다 발굴하는 제7회 한낙원과학소설상 작품집. 미래 사회에 대한 불안이 만연한 지금, 기후 위기부터 바이러스 같은 현실적 문제의 분석에 기반한 기발한 상상력과 풍부한 스토리텔링이 가득한 여섯 편의 다양한 주제를 담은 SF 단편 소설집. 우리가 함께 살아가는 지구라는 행성에서 앞으로의 미래 주인공인 청소년들에게 꼭 필요한 도서다.

커서 뭐가 될래?

저자 고상한 그림책 연구소 | **출판사** 상상의집 | **영역** 사회 | **권장 학년** 유치부~초1

세상에는 많은 꿈과 직업이 있다. 천방지축 놀기 좋아하는 아이가 사람의 꿈을 비추는 마법의 거울을 줍고 나서 좋아하는 것을 생각해 보고 자신의 꿈을 찾아가는 과정을 풀어낸 책. 아이에게 마연하게만 느껴지는 꿈 찾기에 대한 첫걸음을 이 책으로 떼기를 추천한다. 꼭 이루고 싶은 꿈과 내가 되고 싶은 꿈을 찾아야 하는 이유까지 재미있게 알 수 있다.

다같이 돌자 미래 직업 한 바퀴

저자 박주혜 | **출판사** 주니어김영사 | **영역** 사회 | **권장 학년** 초2~3

하루가 다르게 빠르게 변하는 세상 속, 다양한 기술의 발달로 사라지는 직업들이 점점 더 많아지는 미래. 주인공과 함께 미래 직업과 기술을 살펴보고 미래 사회를 변화시킬 최신 기술과 이에 따른 윤리와 책임에 대해서도 생각해 볼 수 있는 책. 책을 읽는 동안 앞으로 미래를 살아갈 나의 모습을 그려볼 아이들은 미래의 유망 직업을 간접적으로 체험하면서 미래에 무엇을 할지 스스로 생각해 볼 수 있을 것이다.

웹툰 작가는 어때?

저자 손영완 | **출판사** 토크쇼 | **영역** 사회 | **권장 학년** 초3~5

2022 한국학교사서협회 추천 도서. 활발하게 웹툰을 만들고 있는 손영완 작가가 어린이가 궁금해할 법한 웹툰작가의 세계에 대해 이야기한다. 실제 캐릭터를 설계하고 스토리를 짜는 방법부터 장비를 사용해 웹툰을 제작하는 과정 등을 어린이의 눈높이에 맞는 설명으로 구성하였다. 현실감 넘치는 생생한 설명으로 궁금증을 풀어주면서 해당 분야의 전망까지 제시하여 실질적인 도움이 된다.

AI 시대에도 살아남는 미래 직업 이야기

저자 신지나 | **출판사** 봄나무 | **영역** 사회 | **권장 학년** 초5~6

2023 행복한아침독서 추천 도서. 미래를 준비하는 아이를 위한 미래 직업 설명서. 인공지능과 4차 산업혁명 등 산업의 변화를 거치며 빠르게 바뀌는 세상, 여섯 가지 분야로 나누어 기존 직업들의 달라진 변화를 꼼꼼하게 살피고 기술이 어떻게 사람들의 삶에 영향을 주었는지 분석하는 책. 진로에 관한 고민이 늘어가는 시기의 아이들이 자연스럽게 미래를 준비하고 다양한 꿈을 꿀 수 있도록 돕는 나침반 같은 역할을 하는 도서다.

뭐가 되고 싶냐는 어른들의 질문에 대답하는 법

저자 알랭 드 보통, 인생학교 | **출판사** 미래엔아이세움 | **영역** 사회 |
권장 학년 초6~중고등부

인간이 지닌 원초적 불안의 원인을 파헤치는 『불안』과 많은 이
들의 극찬을 받은 『인생 학교』 시리즈 등으로 세계인의 사랑을
받는 철학자 알랭 드 보통이 '하고 싶은 것 없는' 청소년들에게
던지는 이야기. 직업과 진로의 개념을 새로운 관점으로 비틀어
보면서 수많은 종류의 직업 중 나의 적성과 재능을 찾는 여정을
돕는다. 직업의 본질에 관해 날카로운 통찰로, 때로는 재미있는
질문을 통해 어른들도 몰랐던 진짜 직업의 세계를 들여다볼 수
있는 책. 미래를 고민하기 시작하는 10대에게 꼭 필요한 도서다.

초등 읽기
독립의 힘

초판 1쇄 인쇄 2026년 2월 9일
초판 1쇄 발행 2026년 2월 23일

지은이 이명주
펴낸이 김선식

부사장 김은영
책임편집 남슬기 **디자인** 마가림 **책임마케터** 이현주
콘텐츠사업7팀장 김은영 **콘텐츠사업7팀** 남슬기, 손혜인, 마가림
마케팅사업2팀 오서영, 이현주 **홍보2팀** 정세림, 고나연, 이다은
브랜드사업본부 정명찬
브랜드홍보팀 오수미, 서가을, 박장미, 박주현 **영상홍보팀** 이수인, 염아라, 이지연, 노경은
저작권팀 성민경, 이슬 **편집관리팀** 조세현, 김호주, 백설희
재무관리팀 하미선, 임혜정, 이슬기, 김주영, 오지수 **인사관리팀** 강미숙, 김재경, 김혜진, 김주림, 황종원
제작관리팀 이소현, 김소영, 김진경, 이지우, 이승협, 유미애
물류관리팀 김형기, 김선진, 주정훈, 양문현, 채원석, 박재연, 이준희, 최대식

펴낸곳 다산북스 **출판등록** 2005년 12월 23일 제313-2005-00277호
주소 경기도 파주시 회동길 490 다산북스 파주사옥
전화 02-704-1724 **팩스** 02-703-2219 **이메일** dasanbooks@dasanbooks.com
홈페이지 www.dasan.group **블로그** blog.naver.com/dasan_books
용지 스마일몬스터피앤엠 **인쇄 및 제본** 정민문화사 **후가공** 제이오엘엔피

ISBN 979-11-306-7493-3 (03370)

다산북스(DASANBOOKS)는 독자 여러분의 책에 관한 아이디어와 원고 투고를 기쁜 마음으로 기다리고 있습니다.
책 출간을 원하는 아이디어가 있으신 분은 다산북스 홈페이지 '원고투고'란으로 간단한 개요와 취지, 연락처 등을 보내주세요.
머뭇거리지 말고 문을 두드리세요.